catch

catch your eyes；catch your heart；catch your mind……

catch 299
我熱愛的東京喫茶店

作者：Hally Chen
編輯：陳秀娟　攝影／封面設計及內頁版型：Hally Chen
出版者：大塊文化出版股份有限公司
105022 台北市松山區南京東路四段 25 號 11 樓
www.locuspublishing.com　locus@locuspublishing.com
讀者服務專線：0800-006-689　電話：02-87123898　傳真：02-87123897
郵撥帳號：18955675　戶名：大塊文化出版股份有限公司
法律顧問：董安丹律師、顧慕堯律師

總經銷：大和書報圖書股份有限公司
新北市新莊區五工五路 2 號　電 話：02-89902588　傳真：02-22901658

初版一刷：2023 年 11 月
定價：新台幣 599 元
ISBN：978-626-7317-82-2
Printed in Taiwan

國家圖書館出版品預行編目（CIP）資料

我熱愛的東京喫茶店 / Hally Chen 作 . -- 初版 . -- 臺北市：大塊文化出版股份有限公司 , 2023.11
400 面；14.8x21 公分 . -- (Catch 299)
ISBN 978-626-7317-82-2（平裝）

1.CST: 旅遊 2.CST: 咖啡館 3.CST: 日本

731.9　112014429

我が愛しの東京喫茶店
My Favorite Kissaten in Tokyo

我熱愛的東京喫茶店

文字／攝影
Hally Chen

Locus Publishing Company

目錄

008 前言

014 和汽車同名的豪華喫茶店／Coffee Shop GALANT —— 上野

024 氣派的地階純喫茶與日本第一間喫茶店遺址／純喫茶 丘 —— 上野

032 經濟高度成長時期的豪華城堡／高級喫茶 古城 —— 上野

040 重生的百年木造町家喫茶店／KAYABA 珈琲 —— 上野

046 誕生於錢湯裡的喫茶店／喫茶 深海 —— 東十條

054 比台南棺材板更巨大的吐司甕／DEN —— 鶯谷

062 下町老社區的氣派早餐／ROYAL 珈琲店 —— 淺草

070 超長熱狗麵包與眾多周邊商品／珈琲天國 —— 淺草

076 深夜喝咖啡打電動／Lodge 赤石 —— 淺草

084 百年紅豆湯與俄羅斯茶杯／電氣屋 HALL —— 淺草

090 最美味炸雞與里脊肉三明治／銀座 Brazil 淺草店 —— 淺草

096 重回隨身聽時代的魔性之味／ONLY —— 南千住

102 東大管弦樂團的第二教室／名曲珈琲 麥——本鄉三丁目
110 畫廊喫茶的錫蘭風咖哩飯／Coffee Rouault——本鄉三丁目
118 東大生都吃過的維也納香腸飯／KOKORO——本鄉三丁目
126 咖啡兄弟的海苔吐司三明治／Coffee ACE——神田
136 來百歲甜點店吃草莓蛋糕／近江屋洋菓子店神田店——神田
146 登山者鍾情的山小屋喫茶店／珈琲 穗高——御茶之水
154 東京日和的南美洲部落山屋／SABOURU——神保町
162 神保町的地下書蟲聚集地／茶房 神田伯剌西爾——神保町
166 最早出現在日本的維也納咖啡／LADRIO——神保町
176 披薩吐司的元祖店／紅鹿舍——有樂町
182 紅色天鵝椅和美味炒飯／純喫茶 ROYAL——有樂町
190 坐滿男性上班族的富士山前／喫茶 FUJI——新橋
198 百歲洋菓子店喫茶部／田村町木村屋——新橋
206 哈克的大布丁／Heckle——虎之門

214 冰淇淋蘇打水的濫觴／資生堂 Parlour 銀座本店——銀座
220 延續銀座二十世紀的優雅氣息／GINZA WEST 銀座本店——銀座
230 一代傳奇咖啡職人的聖地／CAFÉ DE L’AMBRE——銀座
240 百年前第一間咖啡連鎖店／CAFÉ PAULISTA——銀座
248 紅磚古典咖啡館的雙壺手沖冰歐雷／Tricolor 本店——銀座
254 迷倒歌舞伎演員的華麗蛋包飯／喫茶 YOU——銀座
264 約翰藍儂和野菜湯咖哩／樹之花——銀座
270 溫暖魚市場師傅的半熟蛋奶油燉菜／千里軒——豐洲市場
280 當檸檬遇上法國吐司／珈琲 ONE MORE——平井
288 天鵝家的天鵝泡芙／歐風菓子 白鳥——中板橋
294 台灣人創業的名曲咖啡館／名曲珈琲 L’AMBRE——新宿
302 奧運年開業的新宿喫茶店代表／珈琲西武 西新宿店——新宿
308 像一部昭和青春電影／珈琲 TIMES——新宿
314 新宿西口的大正浪漫／但馬屋珈琲店本店——新宿

320 挪威的森林與香蕉百匯／喫茶 銀座——惠比壽
326 高圓寺的康乃馨／名曲喫茶 NELKEN——高圓寺
334 日式炊飯風格的獨特蛋包飯／咖啡亭 七森——高圓寺
344 色光三原色的青春夢幻／gion——阿佐谷
352 深色豪邁咖哩與檸檬蛋奶凍／茶房 武藏野文庫——吉祥寺
360 拿坡里義大利麵與法式摩登布丁的誕生地／新格蘭飯店——橫濱

【近郊喫茶散步】

368 最早開始販賣咖啡凍的喫茶店／MIKADO COFFEE 輕井澤舊道店——輕井澤
376 百年飯店的法國吐司與皇家奶茶／萬平飯店 Café Terrace——輕井澤
384 陽光海灘美景第一排／純喫茶 SUN BIRD——熱海
392 比麥當勞早十九年開賣的漢堡／COFFEE BONNET——熱海

前言

在日本，喫茶店或是純喫茶，泛指二十世紀開業至今的老咖啡店。咖啡店是個奇妙的飲食空間，從十六世紀君士坦丁堡出現第一間現代咖啡館的雛形開始，這個行業就和其他地方性的飲食文化截然不同，超越國界遍佈全球，並且時常是每個時代前衛思想與藝術人士的聚會場所。

我是一九九六年初訪日本，從此愛上這個人文薈萃的國家。最初幾年由於工作上的需要，密集來訪東京這座城市，當時表參道的青山同潤會公寓還在，對面 Kiddy Land 旁是歐風露天咖啡座最蓬勃的地方，也是我在日本和咖啡最初的邂逅。許多二十代的青春冒險回憶，都發生在這城市，格外有一份特殊情感。二〇〇七年我發現獨特的喫茶店文化後，旅行日本各地尋找這些老舖，更深覺東京這座國際大城，和其他地區特別不同。東京市住民將近一千四百萬人，若擴大以首都生活圈計算，更高達三千八百萬人，加上日本咖啡消費人口龐大，整座城市咖啡業的樣貌之廣、數量之多，宛如一間巨大的咖啡文化博物館。由於市內店面多為租賃，經營門檻遠比其他城市高，長年激烈競爭下仍有一席之地的老舖，都不是憑藉運氣。他們就像時間膠囊，保留下上個世紀的生活縮影，包括：建築、傢俱、音樂、歷史。推開十間喫茶店的門，就能發現十種不同的魅力，讓人很難不著迷。

當初原本打算出版上一本拙作《喫茶萬歲》次年，就出版這本東京篇。沒想到半年後全人類遇上百年來最大的瘟疫，停止所有跨國旅行和社交活動。直到今年夏天疫情告一段落，我再度踏上這座城市，街上的人們已經鮮少戴上口罩，許多熬過疫情存活下來的喫茶店，門口出現排隊人潮，客人不乏二十代的年輕身影。告別上個世紀二十多年之後，我們又開始在咖啡店喝冰淇淋蘇打水、吃布丁，聽著卡帶或黑膠唱片的音樂。發現和朋友相約見面談心，遠比螢幕打字來得真情。在我看來，這些不是懷舊，是失去後確認的價值，去蕪存菁的重新選擇。

一場疫情讓人類經歷彼此的疏離，也讓我們重新省視哪些才是生活中重要的事。軟體科技進步，我們靠手機地圖找路，結帳可以用多元支付，但是建築空間的美感、萃取咖啡的手法，甚至是手寫帳單和冰毛巾的文化，這些長年成就出的硬體和行為，經過時間考驗後，更凸顯某些無可取代的價值。

人生除了健康，我認為最重要的財產，是擁有熱情的事物與旅行。前者是方向、後者是實踐，兩者缺一不可。短暫人生中我們透過追尋熱愛，勾勒出自身的輪廓，認識自己活著的模樣，得到幸福。這也是我寫這本書最大的動機。對我來說，寫作是上天恩賜的禮物，在各種文字創作的範疇中，詩是我認為門檻最高，最容易打動人心的文體。好詩不賣弄文字，讀來有韻律、有節奏，幾句精煉文字，便深刻打動人心。東京這座大城裡仍努力生存的喫茶店們，也有相同特質。他們各有風姿，是時間沖刷出的珍稀寶石。在全人類恢復跨國旅行之際，我將這些年拍下、寫下它們的種種心得，誠心誠意放進這本書裡，與你分享東京的喫茶店們，這首值得被歌頌的詩。

走吧，一起回到旅行的路上。

東京，我回來了。

央改札 Central Gate
中央检票口 중앙 개찰구
JK JY JU JJ
Shinkansen 新幹線
駅弁屋
THE GIFT SHOP

みどりの窓口
Ticket Office
駅たび
コンシェルジュ
JR EAST
Travel Service Center
JR
JR東日本
上野駅
Ueno Station
ormation
IC

和汽車同名的豪華喫茶店

相隔三年多，我再次從上野站中央口、豬熊弦一郎的三角形壁畫《自由》下方走出來，著實感受到自由。今日車站內一九一二年創業的明正堂書店已經變成三省堂書店，我的 Suica 交通卡也登錄成手機虛擬感應，摩肩擦踵的人潮如昔，彷彿過去三年多這場世紀疫情不曾發生過。對於能再次旅行、踏上東京這座城市，我滿心感激。要說日本的車站有什麼值得學習的地方，應該就是車站內的空間規劃了，他們總是能將百貨業、書店、甚至餐廳，無縫接軌，潔淨又不唐突，像是上野這棟一九三二年啟用至今的第二代站房，仍老而彌堅。從蒸汽火車到新幹線時代，繼續滿足不同時代的旅客需求，乘載我從青春到中年的旅行記憶。不知是否因為恢復國際旅行太過興奮，今夜就連開在車站內美國佬的連鎖餐廳 Hard Rock 分店，看起來都格外可愛。

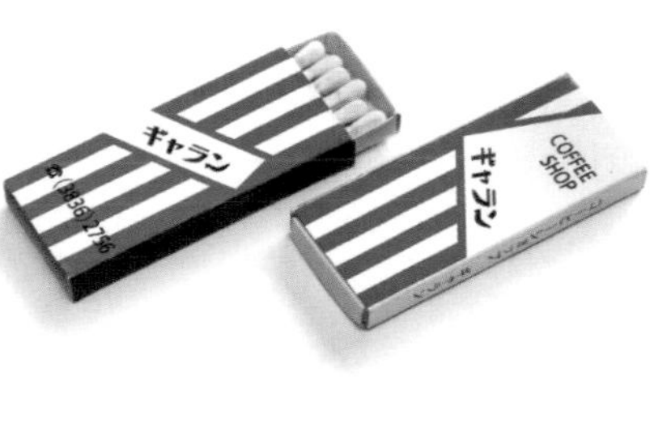

COFFEE SHOP ギャラン
ギャラン
キャラン COFFEE SH
Shop
ギャラン
COFFEE
TAX-FREE
Coffee relaxation

広小路店
☎3832-8511

ギャラン
COFFEE SHOP
Coffee
Shop
ギャラン
Coffee Shop ギャラン
左奥に
エレベーター
ございます
ご利用下さい
コーヒーショップ
ギャラン

我從廣小路口走出車站，踏著輕快腳步越過馬路，來到高架鐵道旁的這條上野站前商店街。這條路上除了兩間歷史悠久的喫茶店，還有一間我鍾愛的咖哩老舖。走進巷口沒幾步，就能見到左側的「GALANT」（ギャラン）通往二樓的入口，門口的招牌字和佈滿燈泡的天花板，在夜晚中散發著金色光芒，彷彿紐約曼哈頓的百老匯劇院向路人招手。該店是上野高級喫茶的代表之一，二〇二二年日劇《詐欺獵人》在此取景後，又吸引更多人來朝聖。

GALANT 開業於日本仍處於經濟高度成長的一九七七年，內裝保留了當時社會榮景的闊綽。取名 GALANT，原因來自店主人鍾愛三菱汽車經典的同名車款。店內使用大量閃亮的金色銅管燈具、厚實的高級皮沙發和銅製的浮雕壁飾，營造出一股「昭和的高級」。投幣式電話旁的壁磚上刻有店家電話號碼，那是還沒有行動電話的時代留下的痕跡，當時客人會留電話給友人，然後在店裡等回電。二樓的玻璃窗面對著隔壁的高架鐵道，行經的電車閃爍著光影，如果不是有隔音牆擋著，這裡肯定是欣賞鐵道的 VIP 座席了。

這間店營業時間長，從早上八點到晚上十點半，和其他喫茶店最大的不同是，早上的吐司類套餐從開門供應到下午兩點，例假日則到下午一點，可算是Brunch，是來上野站轉乘候車時，消磨時間的好地方。八種吐司類套餐中我推薦披薩吐司（ピザトースト）。披薩吐司在日本喫茶店中常見，GALANT的卻格外美得像模型。烤吐司上鋪著青椒、培根、火腿和拉絲的起司，堪稱力與美的傑作。一旁附有生菜沙拉和優格、一杯熱咖啡，營養豐盛。

今夜晚餐時間來，我點了店內也很受歡迎的咖哩飯。說起咖哩飯，坐在玻璃窗旁就看得見、斜對面剛打烊的「Crown Ace」（クラウンエース），它也是我從舊裝潢吃到新裝潢的咖哩老舖，早年全盛時期二樓也曾是喫茶店，今日只剩一樓的咖哩舖仍在營業。他們的咖哩走的是昭和時代傳統的洋食路線，風格和神保町的咖哩名店「Kitchen 南海」相似，原本的座位圍繞著一個五角形的大吧檯，前兩年重新裝潢後，變成新穎時髦的座位區。客人先在門口買好餐券，入座約莫兩分鐘，餐點就上桌了。平實的價格有如仍置身上個世

披薩吐司

香草冰淇淋

紀的東京。桌面上放著福神漬和辣韮（らっきょう）隨客人取用，香醇濃稠的咖哩醬汁，沾上一字排開的豬排肉，一眨眼便完食。有時半夜想起那味道，真讓人猛吞口水。

若要說 GALANT 還有什麼餐點不能錯過，應該就是這裡的香草冰淇淋（アイスクリームバニラ）了。和他處不同，這裡的冰淇淋由三片厚冰淇淋組成，中間佐有鮮奶油和巧克力醬，再放上一顆紅櫻桃，彷彿一朵綻放的花，華麗搶眼。據說這是開店以來就有的傳統，店員鏟冰淇淋時透過技巧，讓這個尋常的冰品與眾不同。送上桌還沒吃，光是看就讓人興奮。

穿著紅黑格子背心、黃襯衫的店員經過桌邊時，我望見桌上的菸灰缸想起了一件事，於是隨口詢問店員，店內是否還有提供客人火柴？只見染著金髮的女店員從制服腰間的小口袋，拿出一只火柴盒遞給我。藍白色線條設計和相同花色的杯墊呼應，模樣超可愛。

Coffee Shop GALANT（コーヒーショップギャラン）
東京都台東区上野6丁目14-4

氣派的地階純喫茶與日本第一間喫茶店遺址

沿著GALANT樓下的商店街繼續往南走幾分鐘，接近JR御徒町車站，純喫茶「丘」（OKA）招牌出現在左側建築的外牆上。這是一棟五層樓的建築，入口洋溢歷史味道的舊櫥窗和花磚，充滿看頭。沿著樓梯往下走沒幾步，眼前出現顯眼的紅色箭頭和「地階純喫茶」幾個字。日文「地階」意指地下樓層，預告了這地面下藏有另一個天地。

純喫茶「丘」位於地下一、二樓，開業於日本歷史上重要的一九六四年，那是日本戰後對世界宣告重生的一年。該年十月一日，全日本、也是全世界第一條成功營運的高鐵系統「東海道新幹線」，開始行駛於東京與新大阪車站之間。九天後，東京歷史上第一次舉辦奧運會相繼開幕。在地價與競爭都

純喫茶
COFFEE
COFFEE MUSIC
Oka
OKA
丘
珈琲
丘
包装資材紙工品総合
株式会社 平井

珈琲と軽
丘
地下1·2階
COFFEE 丘 OKA

地階·純喫茶
COFFEE 丘 MUSIC

很激烈的首都圈，一間店能得以生存、並且見證兩次奧運，實非容易之事。如果你看過富士電視台二〇〇九年播出的一部連續劇《平凡的奇蹟》（ありふれた奇跡），劇中出場的喫茶店就是在這裡取景。整間店我覺得最美的地方是通往地下二樓的樓梯，偌大的水晶吊燈如流瀑般垂下，把上個世紀的高級感做了最完美的詮釋。「丘」整間店的客席，清一色皆為焦糖色的皮製拉扣沙發，在經年累月的洗禮下，至今維持得仍算不錯。

說到這種常在喫茶店或復古咖啡店出現的「拉扣沙發」，在配色上皮質以穩重的咖啡色或黑色居多，若絨布則常見紅色，偶有綠色。這種利用釘扣在沙發背靠或坐墊上縫製出菱形紋理的沙發風格，參考的原型來自國際上被稱為「Chesterfield Sofa」的頂級皮沙發。這種沙發的由來，說法眾多，普遍認為最早出現在工業革命時期的歐洲，時常出現在電影、十九世紀英國殖民時期紳士俱樂部的場景，因此被賦予奢華的經典印象。時至今日，仍為許多喫茶店訂製座椅時的鍾愛風格。

喫茶迷來上野這區，有個地方一定要去朝聖。就在這間「丘」的西南方，步行大約八分鐘，一間 LAWSON 便利店（上野 1 丁目 1-1-10）門口的人行道旁，這裡有日本最早出現的喫茶店「可否茶館」的遺址紀念碑。不鏽鋼立碑上寫有可否茶館的故事，和一百多年前開業時刊登在《讀賣新聞》上的廣告。一八八八年創業的可否茶館，被公認是日本歷史上最早出現的喫茶店。創辦人是鄭永慶，別名西村鶴吉。此外，他還有一個特別的身分：鄭成功在日本的胞弟田川七左衛門的後代子孫。

當年可否茶館腹地兩百坪，是一棟兩層樓的木造洋房。一樓備有撲克牌、撞球、圍棋、將棋、和洋書籍與報紙，以及更衣室、化妝室、淋浴間等設施。二樓喫茶室的傢俱採圓桌、方桌以及藤椅的設計，備有便籤和信封供客人使用。店內的咖啡一杯收費一錢五厘，加牛奶賣兩錢。除了餐點，還提供俗稱長崎蛋糕的 Castella。可以說將歐洲十九世紀咖啡館的文化沙龍完整地帶進日本。雖然後來位於神戶元町商店街上的「放香堂」茶行，拿出一張一八七四

日本最初の喫茶店
「可否茶館」跡地
可否茶館開業報條

年的報紙版畫廣告，證明他們早在可否茶館開業十四年前，就已經在神戶商店街的茶行裡賣這味來自西方的黑茶。不過，若論將西方咖啡館具體的服務形式引進日本的歷史來看，可否茶館仍有其代表性，值得喫茶迷到訪上野時，專程走幾步路去朝聖一下，這個日本喫茶店文化的起點。

既然走到這了，往紀念碑對面的巷子走去，你只需步行兩分鐘，就能看見一九五〇年重建的古蹟錢湯「燕湯」。它曾在二戰空襲中被炸毀，之後依照戰前歇山式唐破風建築的原型重建，是東京都內唯一被登錄為日本國家有形文化財的錢湯。早上六點就開門，營業至晚上八點，很推薦搭乘紅眼班機或夜間巴士的旅客，一早來這洗淨一身疲憊，就算沒帶毛巾或盥洗用品，裡面也有販賣。男、女湯兩室角落各有一座富士山熔岩堆成的假山，是上野隱藏版的景色之一。

總之，我對日本的喫茶、錢湯、咖哩飯這三樣神器，完全無抵抗力啊！

純喫茶 丘（OKA）
東京都台東区上野 6 丁目 5-3

經濟高度成長時期的豪華城堡

由於一百三十五年前可否茶館在上野開業，因此上野時常被媒體稱為「日本喫茶店的發祥地」。加上近年這一區沒有如澀谷那樣大規模的都市更新，更讓「GALANT」、「丘」這些二十世紀下半大型的豪華喫茶店建築，得以存留至今，也是喫茶迷東京必訪的聖地之一。

常有人問我，如何在眾多的喫茶店中決定走進哪一間店？我想起日本以熱愛閱讀出名的女演員蒼井優，分享小學老師教她的選書祕訣：「拿起一本書，先讀開頭前三行，因為作家會集中所有的力氣，在這三行中充分展現出來，依此尋找你感興趣的就沒錯了。」我選擇喫茶店也很相似，店入口處那短短一段路的風景，通常就是關鍵。會讓人眼睛為之一亮產生興趣的，通常都

不會太差。這間位於淺草通巷內、距離上野車站步行五分鐘的「高級喫茶 古城」，就是擁有令人想一探究竟的入口。

一幅高近兩公尺、描繪歐洲騎士的彩色玻璃，懸掛在通往地下室的梯口，據說一九六三年開業以來就一直在此恭迎客人。階梯牆面裝飾有大理石壁磚與金色大吊燈，還沒走進門已經目不暇給。整間店的裝潢充分展現日本經濟高度成長期社會的浮華奢靡，模仿歐洲城堡的岩壁和描繪俄羅斯冬宮博物館景色的彩繪玻璃，包圍整間客席。挑高的天花板懸吊著華麗大吊燈，讓整個地下室非但沒有壓迫感，更像置身歐洲城堡大廳。就連洗手間的水龍頭也是鍍金，難怪店主人自信滿滿，敢在招牌上強調自家是「高級喫茶」。

這些年我時常看到這間店的豪華景色，出現在日本電影或電視劇中。回憶起第一次來古城是在十多年前，那時候我才剛開始迷上喫茶店沒多久，還特地和好友一起過來探險。當時店員裡有位大姐聽出我的口音過來相認，說她也來自台灣，在當地居住十多年了。那天她慷慨地向我們介紹起店內的陳設，我們兩個大男人胸前舉著相機，像鄉下土包子一樣，放肆地在這地下宮殿四處拍照。那也是我第一次認識這個常在老喫茶店桌上出現的「山水」咖啡杯。後來聽大姐說，店裡這套杯具有兩種顏色，她們會給男客藍的、女客紅的。後來我才知道，這個喫茶店愛用杯，原來大有來頭。

這套由日本百年瓷器大廠 NIKKO 出品的「山水」系列，從一九一五年發售至今，是超過百年的經典。容量兩百四十毫升，廣口造型，白磁底色繪有藍、紅兩款花草，還曾推出特別的金彩版本。這套杯具帶著濃郁的英式古典瓷器風格，圖案採英國十八世紀末開始風行的青瓷風格「Willow Pattern」（柳樹紋樣）與英國人發明的釉下彩轉印技術。杯底印有商標，還有一對鳳凰圖樣，以及 DOUBLE PHOENIX 的英文字樣。除了喫茶店常見的杯盤組，同款花草還設計了其他不同大小及用途的器皿。NIKKO 當初以日本國產「硬質瓷器」的特色，打著擁有耐磨抗壓、質地潔白細緻，價位又比骨瓷親民的優點，

NIKKO 的山水系列

開始受到日本消費者的歡迎。一九五〇年代 NIKKO 找來當紅明星香川京子拍攝文宣封面，讓此系列一躍成為國產高級瓷器的代表。這些年我旅行日本各地的老喫茶店，時常見到它的蹤影。許多昭和時代開業的喫茶店都以它作為內用的主力杯具，堪稱昭和時代喫茶店文化的符號之一。除此，這套瓷杯還和日本人鍾愛的「披頭四」樂團有點關係。

場景回到一九六六年六月二十九日，英國搖滾樂團披頭四的飛機降落日本羽田機場，展開為期三天的演唱會。主辦單位選在第一次東京奧運剛啟用的武道館，讓披頭四成為史上第一組登館表演的流行樂樂團，以至於後來日本許多歌手，都將登上武道館視為演唱生涯的成就。當時披頭四在休息室使用的杯子，正是這套山水系列。二〇一六年六月，正逢山水系列推出一百年，也是披頭四訪日五十週年，音樂評論家宮永正隆在出版的《披頭四日本行》（ビートルズ来日学）一書中，披露了這段軼事和當時留下的照片。

高級喫茶 古城
東京都台東区東上野 3 丁目 39-10 光和ビル B1F

重生的百年木造町家喫茶店

回想人生初次來東京，第一個早晨也是從上野公園開始。那是一九九六年的初夏，從上野車站公園口走出來，我跟著人潮穿過馬路步入公園，打算走去上野動物園。到達動物園入口前得先經過一片廣場，廣場上有許多鴿子、遊客和販賣紀念品的小販。二十多歲的我初來乍到新潮前衛的東京，對一切感到新奇，見到任何有趣事物都想體驗一下。就在走過廣場時，發現這裡每個攤販都掛著一只只透明塑膠袋，裝滿五顏六色的爆米花。

當下我眼睛一亮，心想我從沒見過這種七彩爆米花，肯定是這裡的時髦名物，怎麼能不嚐嚐？便趕緊掏出硬幣，興奮地買了一包，迫不急待地在廣場旁的公園椅坐下，打開袋子抓了幾顆爆米花就塞進嘴裡。說也奇怪，這爆

コーヒー
1-29
ランチ
A
B
C
D

米花食之無味，不鹹也不甜，口感還有點受潮變軟，不像是剛剛出爐的。就在我滿心疑問之際，抬頭望見廣場上的遊客們，都拿著相同的彩色爆米花，灑向地面上成群的鴿子，這時我才恍然大悟。

後來有好長一段時間，我不再吃爆米花。

今天早上我又走進上野公園，這次要散步穿越公園去谷中六丁目的喫茶店吃早餐。經過廣場上的星巴克咖啡店，往上野公園的最北角走去，行經日本最老的西式木造音樂廳「舊東京音樂學校奏樂堂」，沿著黑田紀念館前的人行道走來這棟木造兩層樓的「KAYABA 珈琲」（カヤバ珈琲）。KAYABA 於一九一六年建造，為日本特有、早年用作住商混合的傳統形式建物。這種建築多為兩層，特色是一樓正面的屋簷特別向前延伸，通常一樓作為店舖，經營者居住二樓，在日本許多鄉間老街都還能見到這種木造町家。古建築作為民宅還好，但若變成商業空間，長期得負載客人進出，背後的學問和功夫就沒那麼簡單。光是建築的維護成本就不低。根據該店官網資料，推論初期曾經賣過刨冰、餡蜜，一九三八年轉型為喫茶店。喫茶店的創業者榧場伊之助，與妻子KIMI女士、養女幸子三人一起經營，並以姓氏「榧場」的拼音KAYABA作為店名，經營將近七十年，直到二〇〇六年女兒幸子去世而停業。後來，在當地非營利組織「台東歷史都市研究會」與「SCAI The Bathhouse」的協助下，將這棟擁有許多當地住民回憶的建築保留下來，並找來建築師永山祐子整修設計，於二〇〇九年九月重新復活。

KAYABA目前交由「現代美術株式會社」負責營運，店外仍維持大正時代的木樑柱結構和昭和時期的招牌字體，內部吧檯、食器也是舊時代的風貌，除了一樓客席，二樓是榻榻米區，必須換穿拖鞋才能進入，好天氣時二樓轉角的窗戶會拉開，傳統町屋的陽台充滿了舊時代的風情。這裡每天早晨十一點前提供六種早餐選擇，陽光從開闊成排的木窗入室，食物跟著也變美味。只要沐浴過這裡的晨光氛圍，鮮少有不愛上這間店。

Coffee KAYABA（カヤバ珈琲）
東京都台東区谷中6丁目1－29

R
E
D

誕生於錢湯裡的喫茶店

這次來東京，我幾乎沒用到飯店的浴室。每天跑去東京各地不同的錢湯泡澡。疫情之後人們似乎開始重視人與人之間的相處，對原本凋零的公共澡堂也懂得珍惜。今日存活下來的錢湯每間生意都不差，像是新大久保氣派新穎的萬年湯、高圓寺擠滿文青的小杉湯、或是位於上野吸引許多西方觀光客的壽湯，都能見到眾多年輕世代的身影。在這些蛻變的錢湯中，最特別的應該就屬位於東十條的「十條湯」，它在經過改造後，竟然變身錢湯和喫茶店的綜合體：在錢湯原本櫃檯前的空間，增設了一間店中店「喫茶深海」。

從上野站搭電車來東十條站車程約十五分鐘，由車站北口的西出口出來再步行約七分鐘，就會見到「十條銀座商店街」。創業於一九四八年的十條湯，

サウナ
十條湯
十條湯
喫茶 深海
浴場玄関より
お入り下さい
喫茶
深海
SHINKAI
Coca-Cola

いらっしゃいませ
入浴料金
大人 12才以上 520円 (税込)
中人 6才以上 12才未満 (小学生) 200円 (税込)
小人 6才未満 (未就学児) 100円 (税込)
令和5年7月
(東京都入浴料金統制額)
女湯
女湯

裝有咖啡冰塊的玻璃杯和一只攪棒，讓你自己加工成咖啡牛奶。

就藏在商店街其中一條小巷裡。來訪前，我在網路上找到幾則關於這間錢湯的報導，故事有如一部勵志電影。蛻變的過程，要從現在的主事者湊研雄先生開始說起。

三十出頭的湊研雄對錢湯充滿熱情，先後在上野知名的「壽湯」工作一年，與埼玉縣川口市的「喜樂湯」工作四年。後來在拜訪各地錢湯時遇見了這間十條湯，最初他原本只是留在這裡幫忙打理，得知經營者夫婦因為健康因素，可能要結束營業，於是找了他的哥哥商量。他的哥哥是錢湯愛好者無人不知、曾經成功拯救京都「梅湯」而出名的湊三次郎。湊三次郎甚至組織了一個錢湯繼業集團（ゆとなみ社），過去幾年成功接管多間老錢湯，並且改造重生，還成立網路商店販賣各種錢湯紀念品。湊研雄與哥哥商量後，二〇二一年九月開始加入十條湯的經營，為了裝修設備與增設「喫茶深海」而發起募資，想不到三天內就達到三百萬日圓目標，最終募集到五百二十四萬日圓，更讓許多人因此認識了十條湯。

「喫茶深海」的命名靈感，來自女湯牆上熱帶魚的馬賽克圖案。我想，應該沒有比錢湯和喫茶店更契合彼此的跨界組合。十條湯在水池周圍的牆上貼著許多手繪廣告，提醒澡客們別忘記結束後，去喫茶深海來一客美味布丁或冰淇淋蘇打水。在這些廣告的包圍下，大夥越泡越餓。

這天我舒爽地洗完了澡，從男湯裡走出來，見到在其他錢湯不曾見過的畫面：喫茶深海的客席上坐滿二十代的女孩們，正拿著手機為可愛的食物拍照，門口甚至還有人在排隊候位，和男湯裡的爺爺阿伯們形成有趣的對比。改造後的十條湯和喫茶深海不但擄獲跨世代的需求，據說不少原本不敢上公共澡堂的年輕人，也開始走進錢湯。只能說喫茶店加上錢湯這兩樣日本文化財，魅力無法擋。

十條湯櫃檯的另一側就是喫茶深海的吧檯。除了可以買到如貼紙之類的紀念品，還有印上店名的毛巾和T恤。脖子披著毛巾、身體冒著熱氣的我顧

十條湯冰淇淋蘇打水

深海果凍

不得整間客席都是女客，厚著臉皮跟店員說我要喫茶。鍾愛錢湯的人都知道，出浴後最高的享受就是來一瓶冰牛奶。身為錢湯裡的喫茶店，這裡的咖啡牛奶（コーヒー牛乳）也別有創意：店員會請你先去冰箱裡選一瓶自己鍾意的牛奶，然後送上一只裝有咖啡冰塊的玻璃杯和一只攪棒，讓你自己加工成為咖啡牛奶。

應該是泡完澡身體太渴，冰涼的咖啡牛奶被我咕嚕咕嚕地一口飲盡。接著我學臨桌的女孩們，追加了另外兩樣名物：深海果凍（深海ゼリー）和十條湯冰淇淋蘇打水（十條湯クリームソーダ）。一送上桌，可愛模樣就讓我融化了。藍寶石般閃耀的果凍像極了一座富士山，薄荷蘇打水的味道，頂部佐有一坨鮮奶油和紅櫻桃，最讓我驚訝的是上面竟撒有金箔。包在果凍裡如熱帶魚般的是鳳梨丁。至於十條湯冰淇淋蘇打水有紅、藍色兩種口味，我選招搖的紅色，是草莓蘇打水佐上一球香草冰淇淋和鳳梨塊，這天剛好是八月盛夏，對於在東京玩了一天、又剛泡完澡的我來說，彷彿一場及時雨。

喫茶深海（十條湯）
東京都北区十条仲原 1-14-2

比台南棺材板更巨大的吐司甕

把吐司當作容器的料理並不稀奇，我吃過台南特有的小吃棺材板，也嚐過前幾年台北甜點店曾經流行過的蜜糖吐司。它們的共同特色都是把吐司挖空後、再塞入其他食材。話雖如此，當這間喫茶店「DEN」（デン）的招牌食物「焗烤吐司」（グラパン）送上桌時，我的心頭仍震動了一下。

這間一九七一年創業於東京鶯谷的喫茶店，目前由第二代經營。室內空間不大，木裝潢的懷舊空間中，播放著六〇年代的西洋音樂。招牌的焗烤吐司將整條一斤吐司利用刀具、在中央切挖出周圍預留八公釐厚的四方形孔洞，並將蝦、火腿、培根等材料做成濃湯倒入吐司甕中，頂上覆蓋大量起司絲，最後再放進烤箱焗烤。除了上述的招牌口味，店裡還有使用日本國產牛肉製

デン
03-3875-3009
COFFEE & SOFTCREAM
きみはん

単品 950円

焗烤吐司（左）與假日限定的多蜜醬燉牛筋吐司（右）

作、假日限量推出的「多蜜醬燉牛筋吐司」（デミグラパン），更是物超所值，美味不在話下。

上桌後，焗烤吐司比我預想中來得巨大，左右兩側還附上兩塊吐司切邊，我試著雙手連盤托起，發現它重量驚人。這道巨大的料理從何處開始吃才好呢？店家建議的吃法，是先將附上的吐司邊蘸中間的湯餡吃，接著從上而下、由內而外，先吃吐司甕裡的湯餡和內壁。無論用何種方式吃，都讓人有種水庫隨時會崩塌的緊張感，既刺激又有趣。喫茶店為何會凌空出現這道奇妙的料理？據說該店開業初期，某日有員工忽然說想吃焗烤。礙於當時店裡沒有烤盤，第一代店主根本先生便直接拿現有的吐司充當容器，無心插柳之下，竟催生出這道神奇的料理。

除了招牌的焗烤吐司之外，店裡的菜單上還有「霜淇淋飲料系列」（ソフトドリンク），也是許多喫茶迷特地到訪的目的。舉凡蘇打水、冰咖啡、可

樂、烏龍茶、甚至果汁，老闆都能在上面加上霜淇淋，再把餅杯像帽子般戴上。上桌時整杯飲料比想像中還高，總是能引起一陣驚呼。光是霜淇淋飲料加上焗烤吐司這兩項招牌，就讓DEN在日本知名的美食指南網站「食BLOG」連續兩年獲得喫茶店百大名店的殊榮，受到年輕世代的喜愛。

吐司一直是喫茶店裡的重要角色，舉凡：三明治、披薩吐司、小倉吐司等，沒有它就做不出這些美味料理。在日本，計算吐司通常使用「斤」為單位，以該國傳統度量衡「尺貫法」一斤為六百公克，唯獨吐司例外。最初吐司麵包由歐美傳入日本時，一袋一斤吐司的重量是以「英斤」（英鎊）計算，約四百五十公克。由於吐司的大小與重量取決於製作方式和時間，很難出爐後每個都一樣。因此日本麵包公平交易協議會（日本パン公正取引協議会），在二〇一二年頒布了「包裝吐司標示公正競爭規約」，要求店家義務標示半斤的吐司不得少於一百七十公克，一斤不得少於三百四十公克，一斤半的吐司必須足五百一十公克的要求。

霜淇淋飲料

日・祝日限定メニュー
牛スジシチューの
デミグラスグラパン
単品 950円
本日有ります。

說起東京市內製作吐司的翹楚，就屬一九四二年開業的老麵包店「Pelican」（パンのペリカン）最為知名。幾間我喜愛的喫茶店像是：淺草ROYAL 珈琲店、銀座 Brazil 淺草店、南千住的 ONLY，都是使用他們家的吐司。店家終年專做吐司和捲麵包兩種商品，每天光是吐司就能賣出四、五百條。老舖今日傳承到第四代，由渡邊家兩兄弟接下曾祖父傳承下來的招牌，二〇一七年老店的故事還被拍成紀錄片電影《淺草的幸福吐司》，由第四代店主渡邊陸與老師傅名木廣行等人，娓娓道來小麵包店的傳奇故事。

店名 Pelican 意指卡通裡常見的送子鳥「鵜鶘」，據說早年店名原為渡邊麵包店，因為第二代的渡邊祖父有著厚厚的下巴，後來店名便改用他學生時代的外號鵜鶘。每天清晨三點半開始做麵包，早上十點店門一開便湧入人潮，直到下午五點休息，人潮才散去。由於慕名而來的吐司迷實在太多，時常有客人撲空，於是第四代索性在步行距離兩分鐘、和麵包店同一條淺草國際通上，開了一間直營咖啡店 Pelican Cafe，讓更多人品嘗到幸福。

DEN（デン）
東京都台東区根岸３丁目３−18

下町老社區的氣派早餐

二〇一九年是身為喫茶迷的我最心痛的一年，這年日本天皇更迭，許多知名喫茶店年邁的店主不知是否將此視為契機，陸續也在這一年宣布閉店。淺草有一間我長年鍾愛的洋菓子喫茶店 Angelus（アンヂェラス），在開業七十三年後也以建物老舊為由宣布閉店。當天三月十七日剛好是星期天，下午六點閉店前湧進大量的喫茶迷，店家也大方發送即將成為絕響的火柴盒。

淺草一直以來就是進香客和觀光客的東京必遊景點，被統稱為「下町」的東京舊區，無論住民的生活習慣或是商家店面，都保留不少昭和時代的風情。這裡的老喫茶店數量眾多，縱使這些年我來淺草這麼多次，至今仍有所遺漏。距離淺草寺五分鐘步程，這間一九六二年創業的「ROYAL 珈琲店」，

ローヤル珈琲
自家焙

ロッカー
珈琲
¥100
自家焙煎
珈琲

是我前面提到的 Angelus 之外，另一間百去不膩的老店。來這間淺草 ROYAL 珈琲店的最佳時刻是早餐時間。不只早餐美味超值，同時還可以觀看形形色色的客人百態。最初我因為經過門口，看見窗外告示該店的熱壓三明治（ホットサンド）榮登日本知名節目《料理東西軍》因而加入排隊人龍，從此一吃成主顧。

日文中有一句「重厚感」，就是形容像 ROYAL 這樣充滿分量的氛圍。就算不是喫茶迷，一進到店裡也會被雋永的裝潢所吸引。一入門左手邊牆上掛著一幅大畫，內容描繪淺草每年五月知名慶典「三社祭」眾人抬轎的盛況，深色的木裝潢配上紅色條紋的絨布座椅，和一整面的菱形玻璃鏡牆，讓整室充盈著貴氣，幾分歐洲老旅館接待大廳的風情。

進門穿過幾張客席，會遇見兩個階梯和木欄杆，將整個空間分成前後兩區。我最喜歡上階梯後右側的座位區，牆上掛著一幅該店一九九九年一月五日刊登在報紙《體育日本》的全版廣告。坐這角落不太引人注意，而且是觀察店內客人的最佳位置，門口有哪位美女進門、吧檯的師傅在做什麼華麗餐點，全看得一清二楚。這間店的早餐服務有A、B兩式供客人選擇，內容和店內陳設一樣氣派：有果醬、蛋沙拉、火腿和烤吐司，還搭配優格與一大碗的生菜沙拉。超值營養的內容，讓這裡的早餐時間時常一位難求。

走訪日本各地的喫茶店，我的注意力最常被客席的椅子所吸引，椅子能代表一間店創業的時代背景與店主的品味，也是喫茶店和近年第三波咖啡店最大的差異處。老喫茶店的單椅或沙發，幾乎都是配合裝潢「量身訂做」，鮮少出現市售的現成傢俱。雖然東西方的咖啡館風格不同，但是曲木工法的木椅似乎最被視為經典，常見於法國或日本的咖啡館。這間店的座椅中也有單人曲木椅。有一回我趁著店員不注意，蹲下來仔細端詳，發現是出自創業百年、全日本唯一的曲木傢俱品牌「秋田木工」的作品，優雅氣質絲毫不輸德國老牌 Thonet。

ROYAL 珈琲店（ローヤル珈琲店）
東京都台東区浅草 1 丁目 39-7

牆上掛著該店一九九九年的全版報紙廣告

営業時間
変更のお知らせ

超長熱狗麵包與眾多周邊商品

ROYAL 珈琲店旁這個五條路的交會口，往北是「Hoppy 通」（ホッピー通），兩側居酒屋林立，酒客從早到晚川流不息。往西則一路通往合羽橋道具街。就在這路口旁有一間紅磚外牆的喫茶店「珈琲天國」。這間二〇〇五年開業的喫茶店，在淺草這樣的老街區算雖然不上是老店，但是熱愛喫茶店文化、同時很有經營頭腦的店主人，讓小店充滿許多魅力元素，吸引年輕喫茶迷和媒體的青睞。

珈琲天國最常出現在雜誌上的兩大招牌食物：熱鬆餅和熱狗麵包，和別處很不一樣。店家特製了工具，在鬆餅和麵包上烙印「天國」兩個大字。尤其熱狗麵包，提供：番茄芥末醬、起司、辣味肉醬、培根肉四種口味。店家

天国
東京浅草
Coffee of tengoku
天国特製
ホットケーキ
41-9

天国

天国

精心特製了比麵包還要長上三倍的熱狗，甚至比裝盛它的盤子還長，遠看就像是卡通《北海小英雄》中，主角們頭上戴的那頂維京海盜角盔。當店員送上桌的瞬間，神氣極了。

平時店內播放的音樂，以昭和時代的偶像歌謠為主。熱愛舊時代的店主人推出許多周邊商品，像是：不同顏色的金屬咖啡罐，印有店名的咖啡杯、以傳統工藝「七寶燒」製作的胸章，以及三角旗等，門口還擺了一台轉蛋機，可以轉出該店特製的紀念品。我手上收藏了一只天國的金魚玻璃杯，也是該店熱賣的周邊產品。

別以為店主人的創意只有這樣，店裡藏有幾枚杯底寫有「大吉」兩字的咖啡杯，當你喝完咖啡後忽然發現自己是幸運兒，接下來一整天的好心情可想而知。一間小店能讓熱愛喫茶店的人，除了吃到華麗美食、拍照留念，還能買伴手禮回家，讓人日後睹物思店。你說，這間喫茶店是不是紅得很有道理。

有一回我在大阪電視台的節目中，看見店長上野留美小姐接受訪問，才知道開店前她原本在專賣偶像 CD 的唱片行工作，最初開這間喫茶店，起心動念是因為喜歡熱鬆餅。她原本只是想開一間專賣熱鬆餅的店，沒料到熱狗麵包和周邊商品也賣得嚇嚇叫。

在天國享受完美好的喫茶時光，建議你還可以沿著天國門前這條路繼續往西，大約步行七分鐘就會到達知名的合羽橋道具街（かっぱ橋道具街通り），這條道具街好比是台北的太原路一帶，各種專業的廚房用具、營業用食器，甚至食物模型，許多專賣這些器材的商家都集中在這區。路口有一間一九六二年開業的咖啡器材專賣店 UNION（ユニオン），舉凡從磨豆機到瓷杯、手工銅製手沖壺，或是比較難買到的手搖焙煎機，只要和咖啡有關的大小兵器，來這間店幾乎都能找到。店內有賣一種咖啡豆煎餅，也很美味。台灣幾位我熟識的咖啡店老闆只要來東京，都來過這間店找器材呢。

珈琲天國（珈琲天国）
東京都台東区浅草 1-41-9

天国
コーヒー缶の発売は
ただ今、この色のみ。

深夜喝咖啡打電動

過往來東京如果下榻淺草，我時常棄飯店新穎的浴室不用，專程走來老錢湯「蛇骨湯」洗澡，可惜二〇一九年它在開業一百七十年後宣布結束營業。從此，洗完澡帶著盥洗用具和熱呼呼的身體，回旅館前走來深夜喫茶店吃宵夜的行程成了追憶。現在淺草還剩下幾間錢湯：曙湯、鶴之湯、Aqua Place Asahi 等，分布在淺草的四、五丁目。

好在，剛才提到淺草這間營業到深夜的喫茶店「Lodge 赤石」（ロッジ赤石）仍在營業。當年我是看了 NHK 的電視節目《紀實七十二小時》（ドキュメント 72 時間）才得知這間喫茶店的存在。說到那紀實節目真好看，每集會選擇一個地點連續取材三天，把那段期間發生的人與事都記錄下來。我看

珈琲
赤石
LODGE AKAISHI
空
1200
珈琲
ロッジ
赤石
KEY
COFFEE

了節目才知道，原來淺草當地許多計程車司機們，在午夜收工後習慣來這間喫茶店，吃個宵夜再回家睡覺。

店名取作「Lodge 赤石」，意指赤石的小山屋，聽說與當年來自信州的老闆，遙想故鄉的赤石岳有關。店裡一面紅磚牆，掛了一排古意盎然的老掛鐘，是整間店最有個性的角落。一九七三年開業的 Lodge 赤石在疫情前原本早上九點開門，直到清晨五點打烊，每日營業時間長達二十小時。不要說現在，四十多年前開到深夜的喫茶店也不多見，因此，此店長年是當地夜貓族眼中的紅寶石。第一次走進店裡的客人，通常都會被菜單上包山包海的料理嚇到，守備範圍之廣，堪稱萬能廚房，從炸蝦三明治、義大利麵、什錦炒飯、巧克力聖代、薑燒豬肉套餐、蛋包飯、咖哩披薩都有，甚至還有外送服務。

最值得一提的，是店裡客席中間那張台灣人俗稱「小蜜蜂」的咖啡桌電子遊樂器。外型像咖啡桌，黑色玻璃桌面下是映像管螢幕。從一九八〇年代開始，在台灣或日本都是許多咖啡店或飲食店用來增加收入的財神。記憶中小時候住家附近的小吃店、冰果室，只要店裡擺上一台，光是一台機器的收入就比本業一日的營業額還高。在台灣還因此孕育出「打電動」一詞，範圍涵蓋各式大型電玩。遊戲內容也從最初的射擊遊戲、演變到後期的賭博性內容，最終在一九九六年走上被台灣政府掃蕩取締的末路。今天店裡擺放的這台是麻將遊戲，平日店家會特地用紙蓋住老舊的按鍵，可見珍惜的程度。今天我見客人少，索性把屁股移到遊戲機前片刻，偷偷摸了兩下鍵盤，恰好被店主人看見，他走過來大方地打開電源，讓我踏實地回味一下那熱烈的時代。

夏天來赤石，除了冰淇淋蘇打水，我也推薦咖啡凍。深黑閃亮的咖啡凍淋上鮮奶油，再添一球香草冰淇淋，氣派凜凜。疫情後 Lodge 赤石的打烊時間調整到午夜十二點。如果你也喜歡吃宵夜，一定要來嚐嚐他們的日式炒麵。中細度麵條加入豬肉片、高麗菜、豆芽菜和醬汁下去炒，裝盤後撒上海苔和紅薑絲，是道地富士宮炒麵風味。洗完澡散步來吃頓飽，保證一覺到天明。

Lodge 赤石（ロッジ赤石）
東京都台東区浅草 3 丁目 8-4

咖啡凍（コーヒーゼリー）

KEY
COFFEE

店內掛著赤石岳的照片

日式炒麵（焼きそば）

百年紅豆湯與俄羅斯茶杯

談起近年常被當成復古道具、八〇年代席捲日本和台灣咖啡業的咖啡桌電子遊樂器，淺草老店中除了Lodge 赤石，另一間「電氣屋 HALL」（デンキヤホール）也有，而且更多台。這間從明治時代末期、一九〇三年開業至今的老喫茶店，位於另一條千束通商店街（千束通り商店街）上，目前由第三代店主杉平淑江女士經營。店名來自最初這裡原本是一間電器行，戰時因為男力短缺，於是轉型變成一間販賣和式點心以及飲料的「甘味喫茶」。目前店內除了招牌的蛋包炒麵、還有生薑燒肉等各種和風定食冷熱飲。三台咖啡桌電子遊樂器就擺放在後方客席區，搭配漂亮的亮橘色沙發。初次來訪時我點了一杯橘子口味的冰淇淋蘇打水，和熱毛巾、菸灰缸一起放在咖啡桌電子遊樂器上，兒時跟著大人上台灣咖啡店的畫面瞬間浮現。

デンキヤホール
KEY COFFEE
SINCE 1903

這間店有一樣從百年前開業就有的甜點「YUDEATSUKI」（ゆであずき）名氣也很大，我一直到食物上桌後才知道，原來就是我們熟知的紅豆湯。只是這種紅豆湯風味比我們習慣的還甜很多，有冷熱兩種口味可選，都是用一種附有金屬底座的玻璃杯裝著。十多年前初次見到這種下方有金屬杯托的玻璃杯，是在東京神保町已經閉店的「ERIKA」，當時我因為還不喝咖啡，跟著鄰座老先生點了熱牛奶而認識這種日本喫茶店特有的杯具。我為了更瞭解這種特別食器的起源，詢問不少日本各地喫茶店的店主。後來從收集到資料中，推估可能和俄羅斯的喝茶文化有關。直到二〇一九年，我來東京為日文版的拙作宣傳，在雜誌社安排下與東京喫茶店研究所初代所長、同時也是日本知名藝術家與詩人的沼田元氣先生對談。在我當面詢問他本人後，得到證實。

母親出生於俄國海參威，長年又是日本喫茶店文化研究者的沼田先生，我想再也沒有人比他適合回答這問題了。我一開口立刻就得到肯定的答覆：「沒錯，日本喫茶店這種玻璃杯，就是源自俄羅斯的傳統茶具。」這種英文稱為 Podstakannik 的茶杯，俄文原名 подстаканник，在俄羅斯、烏克蘭與白俄羅斯等國家都能見到。由於這種玻璃杯下半部有一個帶把手的金屬杯托，沉甸甸的底座相對穩重，十九世紀末開始大量被應用在火車車廂上，能避免在行進中的列車內因搖晃而打翻或撞破。傳統的俄羅斯茶具表面多半刻有繁複雕飾，材料以導熱較慢的合金鍍鎳為主，偶有鍍上金銀的精品，在歐洲的咖啡館也能見到。日本喫茶店常見的，多半為不鏽鋼製，座身較輕巧簡潔，主要用來裝盛牛奶或紅茶之類的熱飲，稱為コップホルダー（Cup Holder）。以金屬工藝著稱的新瀉縣燕三条地區，還有幾間老牌製造所仍在生產。現在許多企業會客室常見放置免洗杯的塑膠杯托，也是來自這種杯具的演變。

從這間電氣屋 HALL 旁的紅綠燈步行一分鐘，有一間從江戶時代開業至今、擁有唐破風古蹟建築的錢湯「曙湯」，特色是引用真正的天然溫泉水，而非地下水加熱。傍晚來喝咖啡吃點心，結束後去洗個澡，會很療癒喔。

電氣屋 HALL（デンキヤホール）
東京都台東区浅草 4-20-3

最美味炸雞與里脊肉三明治

淺草聚集眾多歷史悠久的日式料亭和洋食店，時常才經過一間名店，過了轉角又迎來另一間，常為不知該先吃誰而苦惱。在已經消失的 Angelus 附近，還有另一間喫茶店的招牌菜也讓人傾心。這間「銀座 Brazil 淺草店」（銀座ブラジル淺草店）就開在最熱鬧的新仲見世商店街上的二樓，樓下原本是一間開業很久的「芝加哥鞋店」。最初我因為等待卡關在藥妝店裡的女友，晃走到店前時發現，這一、二樓兩間店的招牌上，銀座、巴西、淺草、芝加哥四個地名同框覺得有趣。接著在一樓門口的食物樣品玻璃櫃中，一張黑白照片裡的舊招牌上出現台灣紅茶的字樣，吸引了我的注意。

疫情後再回到淺草，樓下的芝加哥鞋店已經變成東京豆漿大王，慶幸的

珈琲専門店
銀座 ブラジル 浅草店
Chicago
シカゴ 店
フクヤ
16
TOP DRY
fukuya

台湾紅茶
銀座ブラジル
アイスクリーム
¥600

是二樓的喫茶店還在。坐在二樓玻璃窗旁的座位，就像歌劇院舞台兩邊的側翼，可以居高臨下觀看樓下來往的行人，是商店街二樓喫茶店獨有的樂趣。銀座 Brazil 創業於一九四八年，當年一號店開在銀座二丁目，今日僅存的這間淺草店是一九六三年開業，算算也已經一甲子了。今日店內吧檯裡，仍可以見到笑容可掬的第二代老闆娘梶富美子女士忙進忙出的身影。

菜單寫上元祖兩字，就是強調自己是原創、最早販賣的地方。銀座 Brazil 長年來以元祖炸雞籃（元祖フライチキンバスケット）和元祖里脊肉三明治（元祖ロースカツサンド）擄獲當地老饕的心。City Boy 風格始祖、日本潮流雜誌《POPEYE》的前造型總監長谷川昭雄先生，以及西麻布創業超過一百二十年的法式料理「龍土軒」四代目岡野利男先生，都曾經在媒體上推薦該店這兩樣名物。先說這裡的元祖炸雞籃，除了炸雞，還有烤吐司、薯條，自製的洋蔥與胡蘿蔔醃菜以及檸檬切塊。第一次來想嚐鮮的人，建議可以點 B Lunch（B ランチ），價格一樣，只是炸雞分量少一點，多了一杯搭配飲料可選。這裡的炸雞據說是初代老闆以美式料理發想的創意，是我在日本他處不曾吃過的美味，說是心頭第一名都不為過。我從來不知道沾上麵包粉的雞胸肉，可以如此軟嫩，細緻口感甚至有點像魚排，非一般街頭炸雞店可以相比擬的美味。

另一項里脊肉三明治，客人點餐時廚師才會從冰箱拿出里肌肉、敲打去筋，接著沾麵包粉下鍋油炸後，整片蘸上獨家特製醬汁、疊上高麗菜絲，再夾上塗好芥末奶油的吐司，每片三明治疊有兩塊里肌肉，斷面飽滿美麗，滋味更是精緻。除了處理炸肉的手藝精湛，這間店充滿時代風格的裝潢也值得欣賞。全店的木作裝潢、曲木椅與焦糖色沙發皮呈現統一的木質調，溫暖又雋永。天花板採八〇年代風行的不對稱立體設計，其中最特別的是位於店後方、去洗手間時會經過的廚房，它像一座木製電話亭，讓我聯想起巴黎瑪黑兄弟茶館的結帳室。透過玻璃可以見到廚師製作餐點的過程，很有上個世紀的歐風氣息。

銀座 Brazil 淺草店（銀座ブラジル淺草店）
東京都台東区浅草 1-28-2 2F

COFFEE & CAKE
BRAZIL
TOKYO · JAPAN

重回隨身聽時代的魔性之味

位於淺草北方荒川區的南千住，對於台灣遊客來說可能有些陌生。但如果提起東京唯一的路面電車「都營荒川線」，相信有很多人會舉手說我知道。

這條首都圈碩果僅存的路面電車路線，一端發車站為「早稲田」，另一端就是南千住附近的「三之輪橋」。沿線三十個停靠站中，就有十三個位在荒川區。這條電車線上有許多精彩的散步路線，像是「庚申塚」下車，可以逛老派的巢鴨商店街。在「荒川車庫前」這站有電車車廂可看。「荒川遊園地前」可以在復古遊樂園中重溫舊時代的兒時回憶。至於終點的「三之輪橋」車站，不但入選一九九七年第一回關東車站百選，離車站步行約莫八分鐘，還有一間可愛入骨的喫茶店「ONLY」（オンリー）。

サイフォンコーヒーの店
性の味
665-37
ONLY

ホットコーヒー……400円
アメリカンコーヒー……400
ビッグカップコーヒー……450
ウィンナーコーヒー……480
レモンティー……400
ミルクティー……400
ロシアンティー……450
ホットミルク……400
カフェオーレ……450
ティーオーレ……450
レモネード……500
ホットココア……450
アイスココア……480
アイスコーヒー……420
オレンジジュース……500円
レモンジュース……500
トマトジュース……500
レモンスカッシュ……500
オレンジスカッシュ……500
コカコーラ……400
メロンソーダ……400
クリームソーダ……520
アイスミルク……400
アイスオーレ……450
アイスレモンティー……420
アイスミルクティー……420
コーヒーフロート……570
オレンジフロート……570
ミルクセーキ……520
ミックスサンド……530円
ハムサンド……530
タマゴサンド……500
ヤサイサンド……500
トースト……360
ハムトースト……450
タマゴトースト……420
ジャンボトースト……470
ハンバーガー……450
ホットケーキ……520
アイスクリーム……300
AM11:30マデ タイムサービス
モーニングセット
トースト、ボイルエッグ、サラダ付
ホットコーヒーセット 450えん
レモンティーセット 450
アイスコーヒーセット 470
アイスティーセット 470

從車站走來喫茶店的路上，已經完全看不出當年這是一條柳樹林立的商店街。我從人行道這頭走去，遠遠就看見寫著紅色英文大寫「O」字的招牌。二〇二三年七月日本轉蛋公司 Kenelephant 發行了《純喫茶看板 Light》第二彈，迷你化五家知名喫茶店的招牌，剛上市我就已經全套收齊，ONLY 掛在門外的這塊招牌就是其中之一。迷你招牌上附有磁鐵，可以吸附在冰箱上。切換開關還能發光，讓人愛不釋手。

在門外還沒入門，光是正面落地窗上復古的圓角設計，已經讓我興奮難耐。一推開門，窗外的圓角一直延伸到室內，綠色線條的壁紙順著牆面曲線延伸到天花板。室內橘紅色的球燈和暗紅的鬱金香椅，與紅色塑膠地板互相呼應。所有二十世紀的可愛元素全集合在眼前，有如回到卡帶與隨身聽席捲世界的時代。我在西淺草的合羽橋本通，見過一間老喫茶店也叫 ONLY。奇妙的是，招牌上也寫著相同的標語「魔性之味」（魔性の味）。原來昭和時代同名姊妹店共有三間：一九五二年開業的淺草千束通店、一九五五年開業

的西淺草合羽橋本通店，以及一九七〇年在南千住開業的這間，今日皆為不同經營者。見過三間店的內裝，我個人私心覺得，南千住這間 ONLY 保留下最多戰後舊時代的浪漫情懷。什麼是舊時代的浪漫？對我來說，相較於千禧年後至今流行的極簡主義與冷調的工業風，在二戰結束後那個經濟大爆發的時代，無論配色或陳列，都呈現出對未來充滿期待的熱情，甜美溫潤。

來 ONLY，除了自家烘焙、號稱擁有魔性之味的咖啡必喝之外，每個人都會點一份招牌熱鬆餅，店主人現點現做，鬆餅粉等材料都是自家特調。從它長年受到當地住民的熱愛中，便可知道美味的程度。第一次來到店裡的人，我建議可以好好地觀察店裡的陳設，從吧檯上的虹吸壺到牆上的插畫，每個小細節都值得你仔細地研究一番，處處藏著驚喜。

尤其當我看見櫃檯上那台使用五十年的 TOWA PROSPER 收銀機，整個人的血液都滾燙了起來。我忍不住驚呼：「就是那個甜美的時代啊！」

ONLY（オンリー）
東京都荒川区南千住 5 丁目 21-8

熱鬆餅（ホットケーキ）

東大管弦樂團的第二教室

眾多喫茶店的樣貌中，就屬安靜欣賞古典樂的名曲喫茶最讓我傾心。東京首都圈內我認為最有特色的三間名曲喫茶，若以它們的個性來區分，我會形容澀谷的「Lion」有歌劇院的雄偉，而高圓寺的「NELKEN」則有小教堂的莊嚴。至於開在丸之內線本鄉三丁目站前的「麥」（麦），就像古典樂愛好者的地下集會場所。提到本鄉三丁目，就會讓人聯想到位於附近的東京大學，長年拜這些師生所賜，這區是另一個老喫茶店的聚集地。十幾年前我第一次來東大看銀杏盛開時，這間「麥」手寫碩大店名的看板已經立在路旁。

這間藏在地下室的名曲喫茶，因為長年受到東大師生的喜愛，甚至擁有東京大學管弦樂團「第二部會」的稱號，意指形同第二間教室，學生和教授們，

本郷三丁目ビル
珈琲
¥300
麦
名曲・珈琲

Africa
BACH EDITION
MOZART
BEETHOVEN

110
119

沒事全窩在這裡。順著通往地下室的樓梯走下來，來到整牆唱片和音樂雜誌面前，接下來你要決定要向右走？還是向左走。兩側的氣氛完全不同，右轉的房間內放著餐桌椅，氣氛如一般的洋食食堂，想和朋友邊用餐邊談天的人可以來這區。入口左轉另一間房，則是古典音樂聆聽室，統一都是高背矮腳的紅色絨布沙發，除了雙人沙發，靠牆還有一排朝同方向的個人席。

整間店深藏於地面下，無窗、無陽光，卻也消去了地面上的人聲雜沓。選擇坐在聆聽室的客人，多半不打算和他人說話，想圖個安靜的片刻，他們不是在冥思，不然就是閱讀。空間裡唯一的聲音，是唱機裡傳來的古典樂聲。

「麥」開業於一九六四年，據說店名來自一九三四年奧地利的黑白電影《未完成的交響樂》，電影內容描述奧地利音樂家舒伯特，生前為何沒有寫完俗稱「未完成」的《b小調第八號交響曲》的故事。劇中有一幕主角舒伯特和貴族女兒在麥田裡幽會的場景，是創業者以「麥」作為店名的由來。

雖然入口附近就是本鄉三丁目站，但我多半走路過來。鄰近的上野站、御茶之水站或根津站，距離都不遠。從這些地方走來，沿途風景各有千秋，適合散步。開在大學學區，店內的消費平實。咖啡或紅茶都只要三百日圓，吐司或三明治也不超過五百日圓，這間店受歡迎的餐點有雞蛋三明治（タマゴサンド）和自製布丁（自家製プリン）。尤其布丁走的是懷舊路線，用玻璃杯盛著，上面擺放兩片罐頭蜜柑與鳳梨片、鮮奶油，和一顆兒時記憶中蛋糕上會出現的紅色小櫻桃，帶有昔日溫柔時光的純真味道。

來此我喜歡泡在聆聽室，室內的矮沙發我認真拿尺量過，離地約莫三十八公分，有些椅墊的彈簧已經壞掉，坐下去整個人就深陷其中，名副其實地「泡」在喫茶店。這裡的另一個特色是煙霧繚繞，像今天坐在我前方的男性長者，光是讀一頁報紙就抽掉三根菸。整間店人手一枝菸，任憑時間消耗在古典樂中。看似抵觸所有舒適的條件，這裡卻擁有一股特別魅力，令眾多喫茶店愛好者著迷不已，包括不抽菸的我。

名曲珈琲 麥（麦）
東京都文京区本鄉 2 丁目 39-5

個人席朝同一方向，無人交談，任憑時間消耗在古典樂中。

畫廊喫茶的錫蘭風咖哩飯

東京大學的「赤門」是本鄉通這條路上的重要地標，不知多少莘莘學子，為了擠進東大這扇朱紅色百年木門熬夜苦讀，許多觀光客也會特地在門前拍照留戀，充當一日東大生。不過赤門並非東京大學的正門，真正的正門得往北再走幾分鐘，才會看見。

東大的正門門內連接著一條兩旁種滿銀杏樹的大道，直通校內知名的安田講堂。一九六九年發生「東大紛爭」學生運動，學生們就是將這棟建築物佔領，並且與攻堅的警察機動隊發生激烈的衝突。今日在網路上找到的紀錄片，還能見到當年甚至連直升機都出動了，真是一段熱血的時代。回想起第一次走進這裡，是麥克傑克森去世的前一年。當時我初次來訪東大尋找安田講堂，

東村昭平
ルオー
貸店舗
たばこ
ルオー

錫蘭風咖哩飯

ド
THE PHILLIPS COLLECTION
ザンヌ
スー
フィリップス・コレクション展
2018.10.17(水)→2019.2.11(月・祝)
ジエ
ムの時代

還假裝自己是東大生，在講堂地下的中央食堂吃了一碗「赤門拉麵」才離開。當時正值銀杏盛開的月分，路的兩旁和地面都是金黃色的銀杏葉，耀眼地讓人捨不得移開目光。吃飽後走出東大，急著想找杯熱咖啡幫助消化時，在赤門斜對面的銀杏樹下，發現這間以咖哩飯聞名的喫茶店「Rouauet」（ルオー）。

今天中午一入門，我選了右手邊靠木格窗的桌邊坐下，想當然點了店家最自信的「錫蘭風咖哩飯」（セイロン風カレーライス），附餐是小杯咖啡。咖哩飯的盤裡有一塊豬肉和一塊馬鈴薯，咖哩醬汁不同於一般常見的深色，呈現淺金黃的色澤。形式看來單純，味道卻有股魅力，而且分量恰到好處，難怪擄獲這麼多東大師生的胃。

這間喫茶店最早於一九五二年由畫家森田賢所創立，以法國野獸派畫家喬治魯奧為店名，最初的經營風格為畫廊喫茶。在日本所謂的「畫廊喫茶」，多半和店主人熱愛藝術有關，通常會在店內佈置許多藝術畫作，吸引藝文人

士來店交流。舊址原本在東大赤門附近，司馬遼太郎和三島由紀夫都曾是座上賓，店名還被寫入作家柴田翔的小說中。一九六九年學生運動時，受傷的學生甚至逃來店內避難。一九七九年森田賢為了專注作畫一度將此店關閉，爾後原本在店內工作的山下淳一先生接下該店，並於次年在今日東大正門對面的現址重新開業。

我邊吃咖哩飯、邊偷看鄰桌客人，發現他們正在享受某種晶瑩剔透的食物。詢問後才知，那是店裡的另一項招牌「紅酒果凍」（ワインゼリー），宣稱使用了四種香料製成，熱愛凍類的我不想錯過，也跟著追加一份。

觀察店內，上班族和年長者似乎都喜歡坐樓下，學生們則是一進門就往二樓客席跑。長廊型的空間至今仍維持著畫廊喫茶的一貫傳統，牆上掛有多幅精緻的畫作。店內的老木椅椅背刻有杯子輪廓的鏤空，木面紋理清楚，充滿日本民藝傢俱的質樸風格。

Coffee Rouault（喫茶ルオー）
東京都文京区本郷 6 丁目 1-14

Coffee Rouault 的紅酒果凍

東大生都吃過的維也納香腸飯

從本鄉三丁目車站沿著本鄉通走來，以香腸飯聞名的這間「KOKORO」，是這區幾間老喫茶店中位置最北的。店名KOKORO（こころ）意指「心」，來自日本大文豪夏目漱石的同名小說。一九五五年那年，小說被日本已故名導演市川崑拍成電影，這間店也在那年開業，一路經營至今。

這間KOKORO吸引許多喫茶迷朝聖，不只因為香腸飯和它的店齡，現址背後的故事也很有來頭。別看這間店是水泥建築，一九〇一年創業、今日以印度咖哩聞名的「新宿中村屋」最初創業的麵包店店址就在這裡，後來幾經輾轉才變成現在的三層樓平房的喫茶店。隔壁今日仍保有傳統長屋的棚澤書店，已經被日本政府列為有形文化財了。

COFFEE こころ
18-11
こころ
MIKADO COFFEE
こころ
SANYO
消火栓
P 100円

SUEHIRO
TORYS
WHISKY

維也納香腸飯

接近傍晚五點，店主人老爺子剛好站在店前的人行道上抽菸，我看了一下手錶，營業時間只剩半小時，於是開口詢問是否還能點餐。只見老爺子大手一揮把菸熄了，爽朗地說：「當然可以！」示意要我跟他進門。

才推開深色的玻璃門，玄關瀰漫茶色調的櫃檯就已經讓我神魂顛倒，老收銀機、老收音機和復古的牆面裝飾，每一件我都想帶回家。一樓的客席由藍和綠兩色沙發組成，壁紙與塑膠地板皆為茶色，散發質樸的和風氣息。坐下來沒多久，老闆娘就把我的維也納香腸飯（ウインナーライス）送上來，配有不同顏色的漬物、炒青菜和五根小香腸。

做完餐點，老爺子從廚房走出來，拿著香菸和打火機，推開門又走回門口繼續抽菸。沒多久，見我吃完飯喝完咖啡，老闆娘忽然問我從哪裡來的。一聽是台灣來的喫茶迷，她興奮地開始介紹起店裡的佈置，一樓牆上陳列的十二生肖玩偶、油畫和陶瓷娃娃，全是老客人們常年送來的禮物。接著她拉著我上二樓，去看傳說中這間店最美的窗景。一整面大窗正對著東大校舍和本鄉通的行道樹。裝滿了蔥蘢綠意。我想像隨著四季更迭，夏天的綠葉、秋天的銀杏黃，甚至冬天的白雪。假以時日，若能用相機把這面窗外不同時節的風景全收集到，肯定令人羨慕。

店裡復古味十足的菸灰缸堆得像一座金字塔，我見老闆娘心情好，決定打蛇隨棍上、詢問店裡還有無火柴盒可拿。老闆娘瞇起眼睛笑說：「火柴盒很久以前就發完了，不過我還留有一個，可以找出來借你拍照。」

說著說著，她帶我回到一樓櫃檯前，真的從抽屜裡、翻出了店裡那最後一只火柴盒。

KOKORO（こころ）
東京都文京区本郷6丁目18-11

珈琲
こゝろ
TEL.(812)6791

CASIO
DL-1616

KOKORO 二樓面對東大的景色

咖啡兄弟的海苔吐司三明治

如果你自認是喫茶店三明治的愛好者，那麼這間離 JR 神田站南口只有幾分鐘步程的老店「ACE」（エース）的招牌三明治，你絕對不能沒嚐過。日本的喫茶店早年為了避免油煙影響咖啡風味，將準備過程較為簡單的三明治，作為配方豆咖啡之外的另一個較勁舞台。我造訪日本從南到北的眾多喫茶店中，店家們無不用盡心思在這份小小的洋食上。唯獨「ACE」推出的三明治，我只在這裡吃過。

ACE 在英文裡意指王牌，有最頂尖之意。喫茶店門外紅白條紋相間的雨棚下，立著一塊猶如銀行外匯的告示牌，上面寫有四十種世界咖啡的名稱，一旁黑色的豎旗寫著「元祖海苔吐司三明治」（元祖のりトースト）幾個大字，

珈琲専門店 エース
珈琲専門店 エース
トーストメニュー
珈琲専門店 エース
元祖
のりトース
世界の珈琲豆販売中
コーヒーのお持ち帰りできます
TAKE OUT
モーニングサービス
世界の珈琲・手作りの味
珈琲専門店 エース
珈琲専門店 エース

発売から46年.焼海苔を挟んで焼いたバターと醤油
珈琲との相性抜群
¥170
世界の
カフェハワイアン
カフェコルディアル
ジャマイカンマジック
ホットモカジャバ
メキシカンバターコーヒー
インザブロードウエイ
カフェカルーア
ボンチェベルガ
コーヒーミント
520
カフェアレキサンダー
580
上記18種類は副材料(牛乳,生クリーム,木の実,洋酒,チョコレート)を使用したアレンジコーヒーです
オリジナル
ORIGINAL
¥420.
GOLDEN CAMEL
¥500.
ロイヤルブレンド
ROYAL BLEND
¥500.
ITALIAN
¥420.
HIGH MOUNTAIN
¥580.
コロンビア
COLOMBIA
¥500.
本日の
トーストメニュー
店主 大哥清水英勝（左）與弟弟清水徹夫（右）

正是這間店吸引人的招牌食物。經營者是清水家的兩兄弟，英勝和徹夫先生。一九七一那年，他們的父親開了這家咖啡店，兄弟倆便一起經營至今。

英勝先生手指著牆上自製的世界咖啡地圖告訴我，那是這間店開幕時掛上的，當年他才二十六歲。店裡除了販售世界各地的單品豆，還提供來自全世界各種飲用咖啡的方法。像是英勝先生因為喜歡墨西哥音樂，在開店前去了墨西哥旅行，開店後便在店裡販賣加入奶油的墨西哥咖啡。不過這些都比不上店裡獨創的海苔吐司三明治來得名氣響亮。這味招牌，只限內用不能外帶，算得上是一道和洋折衷的創意料理。

兩兄弟嚴選上野阿美橫丁七十年老舖、「三香園商店」的燒海苔，烤酥後滴上醬油再夾上塗奶油的烤吐司，把日本人做飯糰的食材拿來做洋食，鹹甜滋味意外速配，從此熱賣五十年。幾年前日本政府調高消費稅，為了貼心老客人，他們在早餐時段把最受歡迎的海苔三明治和咖啡組合成Ａ套餐，日幣六百元有找就能美餐一頓。難怪早上每個熟客進門，都先來一份。

除了獨家的海苔吐司三明治，ACE還有另一特色：店內佈置了許多煽動客人再來一杯的小廣告和標語，全由英勝先生手寫製作。端正漂亮的手繪字，若沒仔細看，還真以為是電腦字體，真是令人敬佩的專長。

今天早上客人特別多，大多是住附近的熟客，一進門打完招呼，便從報架上挑走要看的報紙，就自己找位子入座。我吃完早餐仍有些意猶未盡，英勝先生打開門口的冰箱查看，轉頭告訴我很受歡迎的「咖啡凍」還沒凝結，要再等一下。我看著牆上的介紹，改追加店家推薦的錫蘭風紅茶。精選紅茶加入鮮奶油和肉桂粉，溫和的香氣和熱度，為剛剛的海苔三明治套餐補上了完美句點。上回我來弟弟徹夫先生剛好不在，照片缺了一人。今天我趁著早上客人剛走一批的空檔，趕緊跟兩位老闆開口，順利拍到兩人的合照，完成一樁心願。

元祖 のりトースト
焼海苔を挟んで焼いたバターと醤油味 ¥170.
元祖
のりトースト
発売から46年.焼海苔を挟んで焼いたバターと醤油味
珈琲との相性抜群
¥170
新発売
ローストビーフサンドイッ
(ローストビーフ.レタス.トマト.オニオン)
レギュラー
(パン4枚)
¥540
¥500
本日のサービス品
ゴールデンキャメル
コーヒーゼリー
¥480
CUBA
COFFEE
COLOMBIA
BRAZIL
MOCHA MATTARI
MANDHELINE
営業時間のおしらせ
午後2時まで
午後6時まで

海苔吐司三明治

ゴールデン キャメル
カリブ海諸国の良質な豆 ブレンドの最高傑作
¥500.
ハイマウンテン¥580
モカマタリ¥510
マンデリン¥510
キリマンジャロ¥510
ブラジル¥510
エチオピア¥510
コロンビア¥500
メキシコ¥500
サルバドル¥500
グァテマラ¥500
ジャワロブスタ¥500
コスタリカ¥500
ペルー¥500
新発売
ローストビーフサンドイッチ
(ローストビーフ、レタス、トマト、オニオンを挟んで焼きました)
レギュラー(パン4枚) ¥540.
スモール(パン3枚) ¥500.
トーストメニュー
のりトースト¥170.
ドーナッツ 230
コンビーフサンド 250
クリームトースト 270
ハムトースト
チーズトースト
ミックスサンド
知られざる東欧の紅茶
ドブロブニク風ナッツミルクティー¥580.
YUGOSLAVIA ユーゴスラビア
知られざる東欧の紅茶
ルーマニア風ミルクティー¥560.
ROMANIA ルーマニア
地分布図
WORLD MAP
珈琲のお持ち帰りを御利用ください
ブレンドコーヒー……¥210.
アイスコーヒー……¥230.
TAKE OUT
新発売
ローストビーフサンドイッチ
珈琲専門店 エース
トーストメニュー
モーニングサービス
102セット
HITACHI

Split Egg
Consommé Mushroom
Tomato Chowder

海老蔵に何が?
伝統軽視の声
と猿之助&
勘九郎の焦り
2015年
超多忙
Dr.コパ
美味完食!!
ごほうびごはん
THE YOMIURI
讀賣新
1月13日
火曜日
朝日新
1|13(火)
訳公表

新発売
ローストビーフサンドイッチ
珈琲のお持ち帰りを
御利用ください
ブレンドコーヒー ¥210
アイスコーヒー ¥230
TAKE OUT
のりトースト

売りいたします
本日のサービス品
モーニングサービス

店內的矮屏風和紅色膠皮座椅，少了懷古的老氣橫秋，反而把昭和時代可愛的部分全留了下來。另外，每張桌上都立著一枝可愛的小豎旗，這是豎立在店門口、海苔吐司三明治廣告旗的迷你版，也是出自英勝先生的巧手。這種常見在商店街的廣告旗，日文稱為「幟旗」（のぼりばた），在台灣被稱為關東旗或桃太郎旗。起源於日本戰國時代，上面印有家徽，用於兩軍對戰、區分敵我之用。商場如戰場，隨著時代演變成了今日商家的廣告旗。

炫耀一下，這間 ACE 不同時期先後有兩種不同大小的迷你豎旗，我都有收集到。它們是我這些年不同時間來訪時，英勝先生分別送給我的，有時在家喝咖啡，我會拿出來裝飾桌面，假裝人正在東京。羨慕吧！

Coffee ACE（珈琲專門店 エース）
東京都千代田区内神田 3 丁目 10-6

來百歲甜點店 吃草莓蛋糕

每次來東京若有出入神田站，我常會順道來「近江屋洋菓子店」一趟，吃個甜點或買盒餅乾。十多年前我第一次踏進近江屋洋菓子店，是在東京大學旁的本鄉店。店內維持一九八〇年代風格，猶如博物館入口大廳的氣派裝潢，進門的瞬間就擄獲我愛吃甜點的心。二〇一七年四月，我在網路上得知本鄉店宣布停業時，當下心臟少跳了好幾拍，以為該店從此成為絕響。好在很快地得知神田店仍繼續正常營業。兩間店我都去過，無論是甜點或內部空間的裝潢，他們就像孿生兄弟，幾乎一模一樣。

一八八四年創業的近江屋洋菓子店，長達一百三十多年的店史，稱得上是東京數一數二資深的甜點店。初代創業者吉田平三郎，由於出身自日本滋

Ōmiya
近江屋洋菓子店
Ōmiya

OMIYA

近江屋的招牌之一：草莓夾心

賀縣中部的近江八幡，因而取名近江屋。最初創業為木炭店，因為遇上夏天生意沒有起色，於是改賣麵包、銅鑼燒、花林糖（カリン糖）等。一八九五年當時十八歲的第二代菊太郎，搭乘遊輪前往舊金山學習三年回國。爾後該店經歷戰爭與時代蛻變，一九六六年神田店現址改建成大樓。

近江屋長年以擅長將水果入甜點聞名，這裡的蘋果派、草莓蛋糕是許多老東京人心目中最完美的甜點。美味的訣竅如同壽司名店，師傅每天都會到豐州魚市場批新鮮魚貨一樣。近江屋第四代店主吉田太郎，每天清晨六點半會到東京最大的蔬果市場大田市場，親自採買水果，用來製作當日甜點。並且在官網以「大田市場日記」為名，不定時分享市場與當季水果的照片與心得。

我來這間店的首選，是日本人俗稱「Shortcake」（ショートケーキ）的草莓小蛋糕，它的長相是草莓鮮奶油生日蛋糕的縮小版。在英美，Shortcake通常是利用磅蛋糕或司康製作，中間夾著奶油霜和水果餡料。Shortcake 來到日本後，被改良成草莓、鮮奶油和海綿蛋糕的組合。由於分量剛好一人享用，日本許多洋菓子店甚至喫茶店，都備有這項商品。加上紅、白兩色外觀剛好應景聖誕節的氣氛，也是每年年底日本最受歡迎的甜點。

說到顏色，不得不佩服日本人在色彩上的重視，近江屋不只在空間裝潢上採藍白配色，店員的制服也採相同邏輯，白領襯衫外搭藍色連身裙，外面再套上白色圍裙，散發一股微柔婉約的氣質，加上店員各個說話輕聲細語，找錢時還特地將零錢親手放入客人掌心，展現日本獨有的服務業魅力。

近江屋的喫茶區採自助式，每人只要付幾百元日幣，就能暢飲飲料吧的冷熱飲料。店內除了剛才提到的草莓小蛋糕，「草莓夾心」（苺サンドショート）也是近江屋的招牌。日本雜誌《BRUTUS》二〇一三年二月748期以「美味蛋糕的教科書」為標題，用了近江屋這味甜點的獨照特寫作為封面。二〇一九年二月一日日本郵局更與該雜誌合作，網羅東京二十間名店的招牌

日本人稱呼 Shortcake 的草莓小蛋糕（右）

甜點，以插畫風格推出兩組共二十款，名為「Greeting : Sweets & Desserts」的甜點郵票，近江屋這款甜點也名列其中，它在東京人心目中的分量，可想而知。

來近江屋我有自己一套SOP。入門後先在前方玻璃櫃挑好甜點，接著到飲料吧尋找鍾意的飲品，然後在喫茶區的吧檯座位坐下來，開始享用。離開前先到前方櫃檯，告知店員我要外帶鐵盒餅乾回去。讓店員有時間可以包裝。近江屋洋菓子店的鐵盒餅乾，我不只一次在雜誌專欄上介紹，可見我喜歡的程度。不但外盒製作精美，包裝紙也特別講究，上面印有可愛插畫，店員在包裝紙外繫上的那條亮粉紅色緞帶，更讓人捨不得拆開。店內喫茶區提供的保麗龍免洗杯上，也印有和包裝紙相同的插畫。每回來店內吃甜點，臨走前都會被我擦乾淨帶回家。

談起甜點，二〇一九年我和日本作家暨藝術家、同時也是「東京喫茶店研究所」初代所長的沼田元氣老師，在《東京人》雜誌上有一場對談，當時場所就選在附近開業九十年的日式甜品店「竹村」（竹むら），距離只需步行三分鐘。那間店也是大有來頭。曾經被日本作家池波正太郎寫入書中，一九三〇年竣工至今的雄偉木造建築，已被東京都選定為歷史建物。那次託雜誌社的福，不但吃到少見美味的杏桃刨冰，還是在平常不對外開放的二樓包廂，過癮極了。

竹村和近江屋不同，它販賣的是日本傳統的甜點，如餡蜜、紅豆年糕湯等。最出名的招牌商品是紅豆餡炸饅頭（揚げまんじゅう）。愛吃甜點的人來神田，請務必一趟路把兩間店通吃，來個和洋甜食一日散步。

近江屋洋菓子店 神田店
東京都千代田区神田淡路町 2-4

バターカステラ
1,188円

登山者鍾情的山小屋喫茶店

喀嚓！喀嚓！連續幾聲快門聲，拿著相機站在聖橋上半小時後，我終於捕捉到紅、橘、黃色三列不同顏色的電車，在河面上交錯的瞬間。御茶之水這座「聖橋」，剛好是地下鐵丸之內線、JR中央快速線和總武線的交匯處，不僅是鐵道迷的攝影勝地，其實和咖啡也有那麼一點關係。當年橋上三鐵交會的景色，曾出現在侯孝賢《珈琲時光》的海報與電影中。只可惜當時那部電影真實取景的喫茶店 ERIKA，因為老闆去世已經歇業。談到我個人每回來東京必訪的愛店，聖橋西南側這附近剛好就有一間「穗高」，它比前面提到的那間 ERIKA 早十二年開業。

這間一九五五年創業的老店，今日由第二代店主栗野芳夫先生和家人經

550
700
700
850
アイスココア
350
穂高

穂高
おいしい
珈琲
500
LOVE

營。最初這間店是由他的母親創業，因為喜歡飛驒山脈的最高峰、也是全日本第三高峰的「穗高岳」，因而將店名取為「咖啡與山的音樂 穗高」（珈琲と山の音楽 穂高）。現在門口的木招牌上，除了店名「珈琲 穂高」，其餘被塗黑的五個字，還依稀可見。

穗高的對面是日本大學校區，中午用餐時間整條路上走滿覓食的行人。日本人稱山屋為「山小屋」，由於上個世紀下半，日本曾吹起一股登山熱，在我到訪過的老喫茶店中，不少店家以此作為創業藍圖。以名峰作為店名的穗高，創業時找來畢業於日本大學、同樣熱愛登山的建築師森史夫，以山屋來打造室內空間。加上當時日本山岳會也在附近，多年來這裡便成了許多愛山者聚集的喫茶店。二〇〇九年該店經過整修，至今店內的陳設仍維持著昭和時代的山屋風格。

來這間店，我最推薦坐在最裡面靠玻璃窗的位子。窗外緊鄰著河畔的電車站，光線明亮，不時依稀還能聽見月台上的廣播聲。幾次來訪，我發現店主人隨著季節變化，更換牆上的畫作。其中又以「畦地梅太郎」這位畫家的版畫最常出現。初次踏入這間店的前一天，我恰好才在輕井澤書店買了這位畫家生前的作品集，沒想到第二天走進這裡，就看見他風格強烈的作品，因此印象深刻。而他也和山有關。

以我的經驗，旅行中認識的人事物，通常會記住一輩子。畦地梅太郎的生平充滿了故事，一九〇六年出生於日本愛媛縣，年少十五歲就離鄉跑船，十七歲在東京內閣印刷局工作，後來受到版畫家平塚運一的激勵，進入版畫領域。一九三七年因工作的緣故來到了輕井澤，被當地雲霧繚繞的淺間山所吸引，作品轉以山岳風景為題材，人稱「山的版畫家」。五十歲後，年長加上忙碌沒時間登山，接觸山的機會少了，反而將心境轉向創作「山男」系列。我初次踏入這間店的那天，牆上掛的就是那系列作品中的其中一幅。他的畫作個人風格強烈，就算不看簽名，也能輕易一眼認出，存在感十足。

番茄汁

和許多老喫茶店一樣，穗高的咖啡是用大的琺瑯壺一次手沖數十杯，深諳此道的老闆們堅信，這樣作法的咖啡風味更醇厚。除此，新鮮果汁也是菜單上的亮點。我個人喜愛他們的香蕉果汁（バナナジュース）和番茄汁（トマトジュース），美味極了。特別是番茄汁，店家會在果汁中放一片檸檬切片，炎熱的夏季來上一杯，好消暑呀。

穗高長年被視為愛山者的喫茶店，常客中不乏許多愛山名人，像是作品曾經被改編成漫畫的山岳派小說家新田次郎，或是集山岳文學作家、詩人、哲學家於一身的串田孫一，生前都曾是這裡的常客。現在店內的菸灰缸和火柴盒，上面印的正是串田孫一的畫作。別小看了那瀟灑的筆觸，許多喫茶迷可都是衝著它們遠道而來。

珈琲 穗高
東京都千代田区神田駿河台 4 丁目 5-3 御茶ノ水穗高ビル

東京日和的南美洲部落山屋

神保町是一個由眾多新舊書店與喫茶店交織而成的地方。我人生中第一本買的喫茶店書籍，是日本作家鹽澤幸登所寫的《Tokyo & Kyoto 隠れ家喫茶店案内》。書頁多數為單色印刷，偶有幾張彩頁，由於大小方便隨身攜帶，成了我入手後那兩年最佳的喫茶店探險指南之一。當天從書店走出來，循線第一間踏訪的喫茶店，就是神保町的「Sabouru」（さぼうる）。幾年後偶然的機會下，我才發現那本書的攝影師鹽澤槙小姐，是作者的女兒。曾就讀東京寫真學園與駒澤大學文學部，是身兼文字與攝影的作者，寫過好幾本和喫茶店有關的書。巧合的是，我手上有好幾本咖啡店或喫茶店的書，作者也都身兼文字與攝影，從九〇年代用華文書寫歐洲咖啡館的張耀、成立東京喫茶店研究所的攝影師沼田元氣，到近年寫《福岡喫茶散步》的小坂章子等。讓

隔壁二號店的門口

本店的閣樓層設有酒吧

我不得不聯想，「咖啡店」這個飲食場所的最佳的紀錄方式就是如此：影像與文字皆由同一人進行採集。

Sabouru 就開在地下鐵神保町站 A7 出口旁，因而成為我此區的第一個探險對象。在日本這麼多打著「山小屋」風格的喫茶店中，就屬 Sabouru 最狂野。門口立著兩株原始部落木雕，一株大樹遮住大半窗戶，外觀充滿不可思議的神祕感，彷彿裡面住著一群亞馬遜土著。二〇〇八年正月初訪時，店主人鈴木文雄先生就站在門口紅色公共電話旁，正在與路過的客人寒暄拜年。離開時我向前打了招呼，一聽我是從台灣來的，他立刻要我留步，跑進店內拿出火柴盒贈我，從此我便成為主顧。

一九五五年開業的 Sabouru，店名來自西班牙文 Sabor，意指「味道」。不只外觀如熱帶叢林的原始建築，走進 Sabouru 更像置身於樹屋內。店內客席分為三區：一樓壁爐前的臨窗座位區。以及入門前方的階梯，分別通往半地下和閣樓上的客席。扶手與樑柱大量使用自然圓木幹，磚牆與木柱上寫滿經年累月顧客留下的簽名。談笑風生的老爺子和讀小說的少女比鄰而坐，誰也不打擾誰。據說當年創業者是鈴木文雄先生的朋友，找他來幫忙開一間喫茶店，還在其他店工作的鈴木先生便欣然答應，兼職在這幫忙。創業者退休後，此店曾一度落入他手，一年之後對方放棄經營，鈴木先生才接手正式成為第三代老闆，與他的妻子開啟長達將近六十年的經營歲月。二〇二一年十二月三十一日鈴木先生過世，目前由第四代店主伊藤雅史先生所經營。

Sabouru 緊鄰的隔壁是二號店，外觀沒本店這麼狂野，性質如洋食店，是鈴木先生在一九八三年所開設，當時他想在店內提供餐點，因店內空間有限，恰好隔壁店面出租，便開了這間二號店。兩間店的飲料菜單相似，都有咖啡可點，差別在本店有甜點、輕食和酒吧，適合看書或談公事。二號店主攻中午到晚上七點的用餐客，提供漢堡肉、生薑燒肉等定食套餐，招牌菜是拿坡里義大利麵和草莓果汁，前者有大份可選，麵量慷慨如小山，是大食量

草莓果汁（左）與拿坡里義大利麵（右）

隔壁二號店的一樓客席

本店一樓曾經出現在電影《東京日和》

的學生與書蟲們的愛。每天店家得準備約三十公斤的麵條，中午用餐時間就可賣出一百多份。後者是鈴木先生在別人的店見到後，經過反覆研發後推出。將新鮮草莓和冰塊一起現打，口感如冰沙，是夏日最受歡迎的聖品。

二十多年前，日本演員竹中直人在逛書店時，翻讀到攝影師荒木經惟的《東京日和》。那本攝影集原本是荒木與妻子陽子約好一起創作的散文與攝影計畫，一九九〇年一月陽子因病驟逝，只在雜誌《ON THE LINE》留下三篇連載。爾後，荒木經惟獨自繼續用照片回憶陽子，以他的日記和洋子留下的文字整理成冊出版。後來竹中直人向荒木經惟表達想將此書拍成電影的意願，最終由竹中本人自導自演、荒木編劇，演員找來中山美穗、松隆子與淺野忠信，於一九九七年催生出同名電影《東京日和》。電影中有一幕松隆子和竹中直人的對話，兩人就是坐在本店壁爐前的那張桌子。電影記錄下當時喫茶店的風景，還有二十世紀末的東京日常。神奇的是，我把當年的畫面和今日比對，Sabouru 幾乎沒改變，唯一感受到變化的，只有演員們今非昔比的容貌。

SABOURU（さぼうる）
東京都千代田区神田神保町 1 丁目 11

神保町的地下書蟲聚集地

與Sabouru所在的巷子平行、位於南側的神田鈴蘭通商店街（神田すずらん通り），是我來神保町閒晃主要的活動區域。商店街上有十來家書店，為了避免陽光直射傷害書籍，店面幾乎都是坐南朝北，開在同一側。其中規模最大的，就屬「東京堂書店」的神田總店。我曾經因為拙作的日文版被陳列在一樓櫥窗，興奮地在大街上雀躍。斜對面的巷子裡，三間元老級的喫茶店：茶房神田伯剌西爾、LADRIO、MILONGA NUEVA，都開在這裡。走進巷子會先遇到這間「茶房 神田伯剌西爾」，一九七二年開業，雖然算不上耆老等級，但是店名充滿古意。「茶房」是早年日本喫茶店另一個常用的名稱。至於讓人一時無法會意的「伯剌西爾」這四字，片假名為ブラジル，就是巴西「Brazil」的音譯。在日本，各地以咖啡產地巴西或聖保羅為名的喫茶店不算

かんだぶらじる
茶房 神田伯剌西爾
自家焙煎 珈琲専門店
ぶらじる
古本買入所
小宮山書店
自家焙煎
珈琲豆屋
神田伯剌西爾
営業中
コーヒー豆
挽き売り

將咖啡凍切碎是該店的特色

少，不過以漢字伯剌西爾為名的，印象中只有神保町這間。該店位於地下室，步下階梯就能聞到咖啡香，咖啡烘焙品質出名得好，焙度從淺到深、單品或配方豆都有。該店招牌的配方豆Kanda Blend以五支豆子組成，香醇可口，臨走前外帶幾包耳掛包離開，保證比旅館的免費咖啡美味，絕對是你旅行中的救贖。地下空間的隔音好，加上來此的客人都是想圖個安靜看書或獨處，少有大聲談天，自然形成一股靜謐的氣氛，讓人忍不住放輕動作。角落有一座日式地爐「圍爐裏」（IRORI），是店裡最具代表性的風景。除了咖啡和甜點，夏天來我建議可以嚐嚐這裡的咖啡凍，和其他店家常用高腳杯加上一球冰淇淋的洋風風格不同。這裡是將咖啡凍切碎成一碗，附上糖蜜自行淋上，彷彿正在吃著葛粉之類的和風甜點。

茶房神田伯剌西爾樓上這整棟建築是小宮山書店，店門在另一側大馬路上。喫茶店入口旁有個車庫，偶爾舉辦車庫舊書拍賣會，三本五百塊日圓，擠滿愛書人在車庫裡挑書，這幾年我就遇見幾回，大家全擠在裡面挖寶。

茶房 神田伯剌西爾
東京都千代田区神田神保町１丁目７ 書泉グランデ脇小宮山ビル B1F

最早出現在日本的維也納咖啡

神田伯剌西爾對面有條更狹窄的小巷，巷內原本藏著兩間名店，二〇二三年二月其中之一的 MILONGA NUEVA 搬到巷口，現在剩下我最常去「LADRIO」（ラドリオ）還在窄巷內。LADRIO 開業於一九四九年，和附近比它晚幾年開業的 Sabouru 一樣，也是走當時喫茶店風行的山小屋風格，店名取自西班牙文「磚塊」（LADRILLO）的拼音，內部黝黑的磚牆和木樑結構，像極了歐陸充滿醍醐味的老酒吧，店內火柴盒上的插畫為日本雕刻家本鄉新所繪製。老店人文薈萃，其存在已是一種價值。

LADRIO 名聲響亮，原因之一是該店宣稱這裡是日本最早提供維也納咖啡的喫茶店。放眼全世界的咖啡店，只要歷史夠悠久的，都少不了詩人、作

LADRIO

刻有精緻商標的菸灰缸讓我愛不釋手

室內幾枝科林斯柱式的鑄鐵柱特別少見

家或藝術家的軼事傳說。我曾在網路上讀過一篇文章，據說日本推理作家逢坂剛，一九八六年獲得第九十六回直木三十五賞，當天就是坐在這裡等待電話通知。在那個沒有手機的時代，許多文人作家的電話都是打到喫茶店，逢坂剛獲知得獎後，還在店內開酒慶祝。

日本演員阿部寬主演的電影《聖母峰。眾神的山嶺》，其中一幕也是在此取景。這間店還有許多傳說，像是：「上桌時杯耳永遠在客人左手邊」、「店內只播放香頌」。日本喫茶店文化習慣稱呼女性主事者「媽媽」（Mama），男性叫「Master」。日前我在日本網站上讀到現任店長的專訪，才知道原來這些長年的規則，都是源自初代媽媽愛子女士留下的習慣。

一九九八年愛子女士退休後，店內也曾播放過其他類型的音樂。前任店長接手後這十幾年，才恢復播放香頌的傳統。說到這裡，不得不介紹今年五月一日剛從這裡畢業的前任店長篠崎麻衣子，這間店今日能展現這股氣質且吸引這麼多人流連忘返，她功不可沒。她從二〇一一年七月一日開始以店為名，發行自製的免費月刊，B4尺寸大小、手寫手繪內容，直到二〇二三年四月三日發行了最終號。現在店內的書架上仍有幾本大資料夾，存放著這十二年來不同時期發行的月刊，提供客人翻閱。LADRIO的維也納咖啡，上方的奶油扎實，我甚至用湯匙撈起，奶油仍保持形體。這味咖啡有一說，最早來自奧地利的首都維也納，當地稱為「Einspänner」。德文「Ein」意指一，「spänner」為把手，形容馬車伕能一手駕駛、一手持咖啡。在熱咖啡蓋上一層厚厚的鮮奶油，不僅不易灑出、還能保溫，是充滿智慧的一杯。

我有一位好友，小時候在日本長大，後來赴歐美求學，還曾經在NHK主持幾年節目，最後成了一位優秀的攝影師，她曾跟我說過一個自己的真實笑話：維也納咖啡的日文為ウインナー・コーヒー（Wiener coffee），而維也納香腸在日本也簡稱為ウインナー（Wiener）。中學時她和同學趕時髦裝大人，第一次上喫茶店，看見菜單上寫著維也納咖啡，一度誤以為咖啡上放滿

維也納咖啡

前店長篠崎麻衣子手寫手繪製作的免費月刊

ショコラ
バナナ
さつまいも
¥670

消火

咖啡凍表面一層加入白蘭地的鮮奶油

香腸，腦海中浮現那股奇特的畫面，稚嫩的她差點當場在喫茶店吐出來。

除此之外，這間店的咖啡凍也值得一嚐。和茶房神田伯剌西爾的和食風格完全不同，這裡的咖啡凍將深烘焙咖啡豆以手沖方式萃取咖啡液，加入少量砂糖製作，以西式錐形玻璃杯裝盛，咖啡凍表面還淋上一層放入白蘭地的鮮奶油，猶如花式咖啡「琥珀女王」的果凍版，是成熟大人才懂得欣賞的風韻。

原本開在LADRIO對面、今日已經搬到巷口的MILONGA NUEVA，該店一九五三年開業，終年也只播放一種音樂，只是換成了南美洲的「探戈」。店名MILONGA就是探戈的一種曲風。相較於阿根廷傳統探戈的哀愁深沉，MILONGA的曲風明顯較為活潑俏皮，好奇的話不妨上網搜尋關鍵字，還可以找到一堆影片。該店收藏超過五百張探戈的黑膠唱片之外，同樣擁有不少文人雅士的支持。除了咖啡，招牌餐點是店家手作的單人份披薩。

LADRIO（ラドリオ）
東京都千代田区神田神保町1-3

披薩吐司的元祖店

清晨下了一場小雨，東京車站前的丸之內廣場除了三三兩兩的行人，只剩下烏鴉的叫聲。乾淨的空氣讓我決定散步去有樂町吃早餐。順著車站和舊東京中央郵局建築物改建的 KITTE 商場之間的馬路，沿高架鐵道往南走，約十分鐘就走到有樂町車站。這區是有樂町一丁目，西側緊鄰銀座，明治時代已經聚集眾多劇院，形成當時的「劇場街」，戰後電影院陸續出現，至今寶塚、角川等多家電影院都集中在附近。一九五七年開業、宣稱最早推出披薩吐司的「紅鹿舍」就開在這裡。

紅鹿舍今日由第二代的村上淳先生與夫人經營。最初在日本喫茶店看見「披薩吐司」（ピザトースト），我很驚訝。不禁回想起青少年時我也做過

珈琲館
紅鹿舎
本日の
ストレート珈琲
サービス
モカマタリ
café
OPEN
1957
FREE Wi-Fi
MENU

元祖披薩吐司

類似的嘗試。當時吃膩了吐司塗果醬的我，趁老媽不在家從冰箱拿出香腸切片放吐司上，再蓋上一片起司推進烤箱，做成陽春版的迷你披薩。沒想到來到日本，看見喫茶店老闆們認真研究作法，還成了名物。紅鹿舍的披薩吐司用了青椒、義大利香腸、蘑菇、洋蔥和起司，撲滿吐司再送入烤箱烘烤，裝盤佐上生菜裝飾，美味又華麗。村上淳先生曾在日本綜藝節目分享這味披薩吐司的由來。原本是他小時候做給母親吃的，一九六四年東京舉辦奧運那年，村上淳的父親想在三明治以外再增加品項，母親便把兒子發想的披薩吐司拿出來建議，想不到開賣後各地的喫茶店紛紛效仿，紅鹿舍成了最早的元祖店。

二〇一七年六月，知名的加拿大演員基奴李維為電影《捍衛任務2：殺神回歸》到日本宣傳時，由於下榻飯店就在附近，向來不用口罩遮掩面容，喜歡和普通人一起排隊吃飯的他，當晚現身在紅鹿舍用餐，並在店裡的盤子上留下簽名，讓這間以披薩吐司聞名的歷史老舖頓時多了一項頭銜。今日櫃檯的轉盤電話後方，仍擺放他當時留下的合照。

除了披薩吐司，紅鹿舍還有另一項名物「惡魔之炎」（悪魔の炎）。那是一杯充滿表演性的花式咖啡。我第一次點這杯名物時，遇上店內客滿，只見店員先低調地向每一桌客人解釋，等一下店內會熄燈，請不要驚慌。一一打過招呼後，店員先將一只高腳杯、一把西洋劍送上桌。高腳杯裡放著一條從整顆檸檬剝下沒切斷的皮。這時，吧檯那端同時加熱裝著白蘭地的土耳其咖啡壺。客人們紛紛交頭接耳，露出不知等一下會發生什麼事的期待表情。

一切準備就緒後，在負責表演的店員示意下，整間店燈光忽然熄滅，店員迅速舉起一頭串著檸檬皮的西洋劍，將整條檸檬皮垂直在咖啡杯上，接著將土耳其咖啡壺裡點燃的白蘭地朝檸檬皮上端淋，藍色火焰與白蘭地隨著拉長成螺旋狀的檸檬皮順勢而下，滴落在下方的咖啡杯裡，些許的藍火則濺在桌面上。由於過程太暗太快，已經超過相機能記錄的極限。整間店的客人來不及反應熄燈後的漆黑，就被這華麗的表演驚喜，全店響起一片掌聲和歡呼。想不到點一杯咖啡就讓這麼多陌生人開心，這筆咖啡錢花得真超值。

珈琲館 紅鹿舎
東京都千代田区有楽町 1-6-8 松井ビル 1F

店員準備「惡魔之炎」的道具

紅色天鵝椅和美味炒飯

戰後美軍佔領期間，許多服務美軍的居酒屋與情色行業聚集在有樂町這區，直到一九六四年東京第一次奧運後，「東京交通會館」落成，會館與車站之間的舊商店街被拆除，重整市容遂成為今日面貌。現在有樂町站北側廣為人知、可以從東京車站地下通道一路走來的東京國際論壇大樓（東京国際フォーラム），在一九九一年之前，原本是東京都廳舍的舊址。

位於有樂町站西側的東京交通會館竣工於一九六五年，外觀在一九九二年曾經整理過，大樓內樓梯間牆上的馬賽克壁畫，仍維持著昭和時代的風格。頂樓的旋轉展望餐廳 Sky Lounge，從大樓開業以來，便一直是當地的地標。老實說，今日如果不是日媒安排我和熱愛喫茶店的模特兒小谷實由小姐對談，

純喫茶
ROYAL
ROYAL
café ROYAL
ROYAL
紅茶
¥500
珈琲
¥500

ROYAL
café ROYAL cake

小谷小姐選了她的愛店「純喫茶 ROYAL」做為地點，我也不知道出入多次的有樂町站旁，地面下居然藏著一間如此迷人的老舖。

純喫茶 ROYAL（ローヤル）位於交通會館的地下街，有樂町站出口有手扶梯直接連結地下入口。ROYAL 從會館竣工那年開始，營業至今。走進店裡，清一色紅色天鵝絨座椅，八〇年代貴氣的高級感迎面而來。配合上班族的作息，週一到週五早上八點就開門，週末則是十一點營業。想要享受這裡的早餐服務，得挑平日上午十點半前過來，內容有：烤吐司、白煮蛋、生菜與熱咖啡。早上以男性長者居多，時間一到大夥便魚貫地走進門。

他們會先在角落桌挑一份鍾愛的報紙、再選自己喜歡的座位，一付熟門熟路的模樣。到了午間，年輕的女性上班族陸續進門。菜單上有六種義大利麵和六種炒飯，風味堪稱豐富，長年受到老客人的喜愛。其中，有一道炒飯「Jambalaya」（ジャンバラヤ），據說是美國路易斯安那州的代表食物之一，

9/100
AKIKO

Jambalaya 炒飯

源自西班牙的一種什錦大鍋飯。這裡的炒飯，不像一般日本的食堂，上炒飯時會先用模具，把炒飯塑成整齊的半圓形再上桌，而是隨性盛盤。但是可千萬別因此小看它，原本抱著懷疑態度的我，嚐過後當場就被擄獲。

就像歐美的高級餐館一樣，店裡幾位服務生都是上了年紀的大叔，他們是這裡每天中午擁有眾多女性客人的原因之一。看著大叔們一身體面的正裝，溫柔地應對年輕的女客人，我似乎能夠理解小谷實由小姐在對談時所說的：「在老舖喫茶店裡，被這些男性長者溫柔地對待，自己好像變成大小姐一樣，有一種被珍惜的幸福感呢。」

純喫茶 ROYAL（純喫茶 ローヤル）
東京都千代田区有楽町 2-10-1 東京交通会館ビル B1F

坐滿男性上班族的富士山前

新橋是東京人口中「上班族的聖地」（サラリーマンの聖地），員工舉辦迎新會、忘年會，都喜歡在附近找餐館。在日本，上班族被稱為「Salaryman」（サラリーマン），這是日本人自創的和製英語。把英文 salary 加上 man，用「領薪水的人」來形容在企業上班的領薪階級，既露骨又貼切。新橋站西側的 SL 廣場上，放著一台 SL 蒸氣火車頭，是許多人相約見面的集合點，火車頭在每天中午十二點、下午三點、六點，三個時段會播放鳴笛聲。

廣場旁這棟一九七一年竣工的 NEW 新橋大樓（ニュー新橋ビル），外觀佈滿格子，為地下四層、地上十一層的住辦商混合大樓。地下一樓到地上四樓為綜合商場，聚集了不少平價飲食店與居酒屋，走在五十年的舊商場內，

カーナビアプリはナビタイム。
Parfait Amour
AOYAMA

COFFEE
フジ
COFFEE フジ
T·U·C
COFFEE
フジ
東京出
COFFEE

COFFEE
フジ
ご自由にお持ち帰り下さい
COFFEE
Fujii

依舊能強烈感受到日本高度經濟成長時期的氣氛。商場內多數店家的營業時間與上班族同步，週末公休。平日來此的客人，以中產階層的男性最多，因此商場又被戲稱為「老爺子大樓」（おやじビル）。開業超過三十年的喫茶店「FUJI」，就位於這棟大樓的地下一樓。上班日的午餐時間，整間店坐滿穿著深色西裝的男性上班族，有人沉思、有人談公事，男性賀爾蒙濃度破表，配上牆面大尺寸的富士山照片，不禁讓我聯想起日本的大眾澡堂。

今日 FUJI 已經來到第三代經營，據說店名來自初代創業者對富士山的熱愛。店內最大的亮點，就是牆上一幅數公尺寬的富士山燈箱照片，它也是整間喫茶店的精神象徵。呼應牆上藍色調的富士山，藍色是店裡的形象色。包括：沙發的緹花布、咖啡杯，都是這種富士藍。店裡特製的咖啡杯，還被轉蛋玩具商做成迷你版。印上店名的藍色團扇和火柴盒，更是喫茶迷爭相收集的寶物。團扇就直接擺放在店中央的屏風上，供客人免費取用，這幾年我在不同時間來訪，先後搜集到兩種不同版本，驕傲極了。

店裡的印度肉末咖哩飯（キーマカレー）微辣開胃，是午餐時間的人氣餐點。夏日則會推出各式顏色繽紛的刨冰。來到以富士為名的喫茶店，菜單上有一道料理你絕不能錯過：靜岡縣富士宮市知名的平民美食「富士宮炒麵」。不像喫茶店常見的拿坡里義大利麵，店家通常有自己的作法。在日本，這種以日式醬油調味的炒麵若想稱為富士宮炒麵，必須具備幾項基本條件：

一、必須使用富士宮市四間指定製麵所，以特殊蒸煮方式做出的麵條。

二、加入炸豬油後剩下的肉沫，日文稱為「肉かす」。

三、最後炒好的麵條會灑上沙丁魚粉，一旁佐以紅薑絲點綴。

對了，這棟商場一樓入口有一個寫著「むさちや創業明治拾八年」的攤位，那是一間知名的洋食老舖。義大利麵、漢堡肉等皆以大分量出名，價格全部日幣千元有找，午餐時間總是大排長龍。如果你自認食量大，建議去一趟，絕不會失望。

喫茶 FUJI（喫茶フジ）
東京都港区新橋 2-16-1 ニュー新橋ビル B1F

クリームソーダ
¥700
ブルーベリー
ヨーグルト
¥600

COFFEE

COFFEE

百歲洋菓子店
喫茶部

這天中午趁著前往機場前的空檔，先來西新橋這間百年洋菓子舖「田村町木村屋」買伴手禮。田村町是舊地名，位於日比谷通與外堀通交叉路口，往東走去 JR 新橋站或往北去日比谷公園，都只需要五分鐘步程。

在日本商業文化中有一種稱為「暖簾分家」（暖簾分け）的文化。暖簾是日本料理店每天開門掛上印著商號的布簾，意指拜師學藝多年後，在師傅的同意下帶著相同的商號，離開母店到他處另開分號。這和我們今日熟知的加盟制度最大的不同，在於這種分家方式下，除了店名中冠有母店商號之外，經營權則完全獨立，是一種師承何處的表態。一九〇〇年田村町木村屋就是在這種情形下，從今日本店位在銀座四丁目、以酒種紅豆麵包聞名的木村屋，

Tamuracho
Kimuraya
est,1900
自家製洋菓子
田村町 キムラヤ
田村町
木村屋
OPEN
芝百年会

堀内敬三
山田風太郎

獨立出來。分家創業一百二十年後，「田村町木村屋」目前經營者來到了第四代，現今店裡牆上，仍掛著早年由銀座木村屋總本家發出的「木村屋商號使用許可證」，和各界名人留下的字跡。日本小說家江戶川亂步、山田風太郎和許多名人，都是這間百年老鋪的老客人。一九二〇年為了推廣產品成立了喫茶部，並於一九三三年開始提供西餐洋食的服務。目前西餐服務移到三田店，新橋店除了販售麵包和甜點，內部仍保留喫茶部的服務。

中午時分，店門外已經站著不少上班族排隊要買伴手禮，由於進出的人太多，細心的店家特地派有專人在門口負責開門。店內前方的甜點櫃，則擠滿了要外帶的客人。我見喫茶部還有位子，趕緊請店員帶我入座。來洋菓子舖只要店內備有客席，除非客滿或趕時間，我還是喜歡現場享受勝過外帶。需要冷藏的甜點和海鮮一樣，新鮮入口才最美味。

一坐下，就先點一杯咖啡和田村町木村屋的招牌甜點，那是一種名為「香

插畫家 NAKADA ERI 設計的布書套

蕉蛋糕」（バナナケーキ）的甜點，大小狀似越南春捲，在柔軟黃色外皮的包覆下，除了鮮奶油內餡，還奇妙地包著一截完整的香蕉，冰冰涼涼好吃極了。

除此，這裡使用新鮮栗子製作的蒙布朗也是我的心頭好。為了服務附近長年光顧的上班族，店家拿出西餐老本行的功夫，每日備有實惠午餐，內容就寫在吧檯的小黑板上。今天是三明治搭配龍蝦濃湯，讓我吃驚的是，每份竟然只收九百日圓，驚人的實惠價格，讓我原本打算離席的屁股，不爭氣地又坐了下來。隔壁桌幾位女性上班族正各自從容地享受午餐，店內洋溢著一股都會難得的閒逸。百年老店的窩心，全寫在客人滿足的表情中。

不知是否因為太多客人喜歡在喫茶部一邊喝咖啡一邊閱讀，我起身追加午餐時，發現櫃檯旁竟然連書套都有賣。仔細一看，是店家找了近年十分活躍的水彩插畫家 NAKADA ERI，設計一款文庫本大小的布書套，生動描繪店內喫茶部的風景，熱愛喫茶店又愛閱讀的我二話不說，立刻拿了一只結帳。

田村町木村屋
東京都港区新橋 1 丁目 18-19

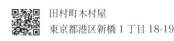

香蕉蛋糕

哈克的大布丁

布丁是人見人愛的甜點，據說最早布丁出現在英國時是鹹食，類似肉凍、菜凍的料理。現在我們看到淋上焦糖的布丁，則是從法國開始流行的甜點。我旅行日本時，常在超市或便利店看見一款由食品大廠 Glico 一九七二年推出的經典布丁（プッチンプリン），因為長年受到歡迎，累積到二〇一三年竟然已經熱銷超過五十一億個，還得到金氏世界紀錄的肯定，獲頒「全世界賣得最好的布丁」，可見大家有多愛吃布丁。

日本喫茶店文化中，布丁講求的是自家製，只要是靠這味甜點出名的店家，從焦糖的熬煮到雞蛋的品種，無不絞盡腦汁創造自家風格。東京的喫茶店為數眾多，布丁風味也跟著多元，如果你問我對哪間的布丁印象最深刻，

営業中
KEY COFFEE
モーニングタイム
トースト・サラダ
ヘッケルン

第二土曜日は休みです
トースト
サラダ
コーヒー
セット800

店主 森靜雄

那肯定是開在虎之門這區的「Heckle」（ヘッケルン）。從 JR 新橋站烏森口往西步行八分鐘，一走進小巷內，就看見門口燈箱上寫著「巨無霸布丁」（ジャンボプリン）。

這間一九七〇年由今日店主森靜雄先生創業的 Heckle，他販賣的手工大布丁，號稱是別家的二點五倍大。店名據說取自二十世紀美國知名卡通《哈克與傑克》（Heckle and Jeckle）中的哈克。它們原本是由畫家 Paul Terry 所創作的一對烏鴉，在美國是家喻戶曉的卡通人物。一九八四年日本任天堂電視遊樂器以這兩隻烏鴉為主角，推出「Spy vs. Spy」遊戲，因而驟升為八〇年代電玩角色的代表，深烙於該世代人們的記憶中。

會用卡通角色名字當店名，老闆想當然是個性幽默的人。我才坐下來，就看見客席旁貼著「請勿睡覺」（寝ないで下さい）的小紙條。我的視線從書架上的漫畫、吧檯上的虹吸壺，一路滑至另一邊的牆上，終於讓我找到傳

寝ないで下さい
Hanako 1158

說中、凍齡美女明星吉永小百合的親筆簽名。

根據森老闆自述，招牌的手工超大布丁是他在喫茶店競爭最激烈的時代，為了與其他同業競爭，絞盡腦汁想出來的配方。布丁使用紅雞蛋製作，風味格外濃郁香甜，更因此成為東京喫茶店的名物之一。

經年累月重複倒布丁給客人，今日森老闆已練就一套標準動作，來店裡就算不是坐吧檯，依舊能清楚欣賞這華麗的過程。森老闆會先把布丁上膜拿掉，將模具在吧檯敲一下後倒蓋在玻璃杯上，接著雙手按著模具和杯子，在空中轉一圈，扣出布丁後，用橡皮刮刀俐落地把剩下的焦糖液刮落在布丁上，全程乒乒乓乓一氣呵成，就像在看魔術表演。

每日辛苦熬煮焦糖，只靠一枚布丁在激戰的東京都心屹立不搖，我想個性不夠浪漫的男人，還真做不出這種人生賭注呢。

Heckle（ヘッケルン）
東京都港区西新橋 1-20-11 安藤ビル 1F

寝ないで下さい
MENU
コーヒープリンセット ¥600
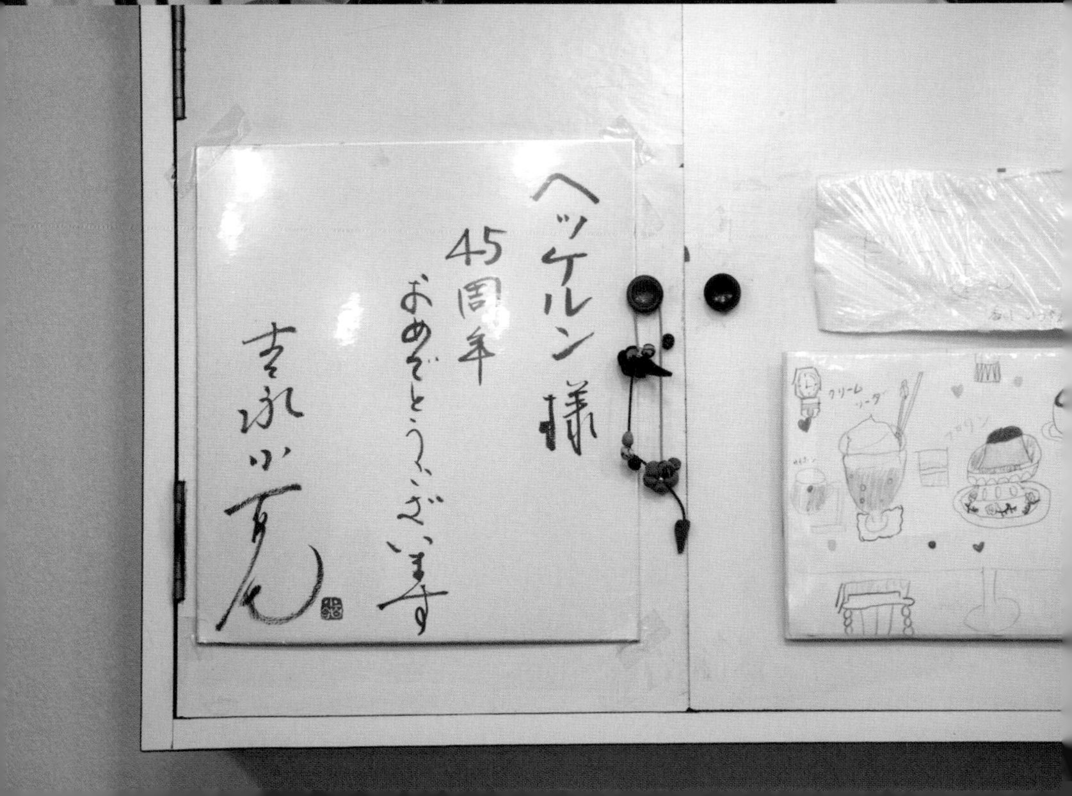
ヘッケルン様
45周年
おめでとうございます

冰淇淋蘇打水的濫觴

在日本零售業廣告或雜誌上，時常能見到「定番」這個字眼，定番字面上意指在型錄擁有固定番號，不隨流行風潮改變，持續生產的長青商品。用在餐飲業上，便是形容長年存在於菜單上的招牌食物。例如，每間喫茶店菜單上都會出現的冰淇淋蘇打水，就是喫茶店的定番。今日銀座七丁目十字路口的「資生堂 Parlour」（資生堂パーラー）銀座本店，是日本歷史上最早販賣這味飲料的地方。

今天天空飄著細雨，沒帶傘的我從新橋站沿路利用店家的雨棚跳過來。走進紅色的資生堂大樓，我先在在一樓大廳買了銀座本店限定販售、綁有藍色緞帶的鐵盒餅乾。接著走到一旁的電梯口，身著正裝的服務人員主動靠上

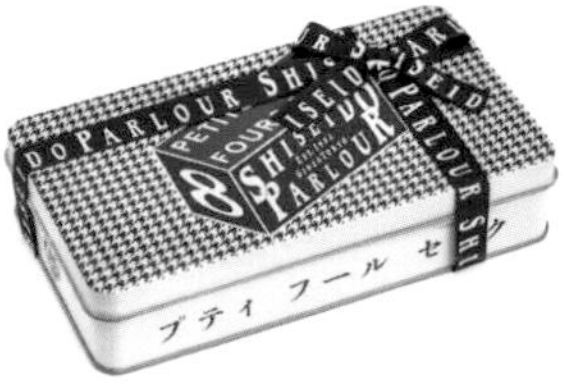

一樓大廳販賣許多限量伴手禮，左側是通往三樓的電梯。

來詢問我，要去哪一樓層。他先為我按了三樓，退出電梯時還用無線電通報樓上，嚴謹的態度提醒我這裡是「高級餐廳」，我瞧了自己的牛仔褲和布鞋，後悔沒打扮得體面一點再出門。來到三樓的 SALON DE CAFÉ，待我入座、點好想要的餐點後，只見服務生拿著一條乾淨的白毛巾，默默地擦拭我放在腳邊、表面淋到雨水的背包。十足細心的高級服務，真是讓我受教。

特地前來高級的資生堂 Parlour 朝聖，因為這裡是日本最早出現冰淇淋蘇打水的地方，背後推手是資生堂第二代經營者福原信三。他畢業於美國哥倫比亞大學藥學部。一九〇二年，他參考自己在美國所見，在資生堂店內成立 Soda Fountain，這種在美國藥房兼賣冰淇淋、點心的冷飲櫃檯。他從美國進口製造蘇打水的機器、吸管和玻璃杯，冰淇淋蘇打水就此誕生日本國土上，讓資生堂和高級洋食與咖啡沙龍有了關連。資生堂廣為人知的山茶花商標「花椿」，原型也是出自福原信三之手。由於天分以及對藝術的熱愛，他改變整個企業走向。一九二四年他成立日本寫真會，成為第一代會長，是日本攝影史的開拓人物。套一句今日流行語，福原信三是出色的「斜槓」人物。這兩年在雜誌報導的引領下，年輕男生吃甜點似乎成了一種風潮，我偷瞄隔壁兩桌的客人，都是二十代的男性獨自一人享受甜點。今天菜單上的冰淇淋蘇打水，除了常態的檸檬（黄色）和柳橙（橘色）口味，還多了期間限定的「新橋色」。一問才知，每年只在五月期間，配合新橋演舞場一年一度的藝伎活動（東をどり），提供這個復古口味，今年特別延長到七月底，剛好讓我有機會嚐到。

什麼是新橋色？這種輕快的藍綠色，得從明治時代中期說起。百年前新橋這區是東京知名的花街，眾多藝伎每日在此出入。當時日本剛開始引進西方的化學染料，市面上出現一種明亮的藍綠色。由於它和過往日本人取自動植物的天然染料截然不同，色澤更亮麗鮮明。腦筋動得快的商人便將它應用在和服上，沒想到受到新橋熱愛新奇事物的藝伎們青睞，更掀起了流行。鶯鶯燕燕穿著這時下最新潮的顏色上街，當時的人們便將這種風行一時的藍綠色，稱為「新橋色」。

資生堂 Parlour 銀座本店 salon de café
東京都中央区銀座 8-8-3 3F

資生堂的冰淇淋蘇打水檸檬口味（左）與新橋色（右）。

延續銀座二十世紀的優雅氣息

每回來銀座，我都有相同的感觸：要明白這區的魅力，年紀太輕恐怕不行。我也是過了一個年紀，才明白什麼叫「大人的高級」。雖然日本的冰淇淋蘇打水最早出現在銀座的資生堂Parlour。不過在我心目中，另一間同樣位於銀座的「GINZA WEST」，他們的冰淇淋蘇打水也是不能錯過的逸品。我鍾愛它的原因是，整杯為無垢的白色。

從銀座七丁目交叉口往北走、外堀通右轉，很快就能在人行道上看到GINZA WEST本店的外帶櫥窗。玻璃櫃一目了然，陳列著各式招牌的小西點，窗口不時排著隊伍，全都是專程來買伴手禮的。日本人出差或旅行，有順手帶小禮物回辦公室的習慣。但你可別以為GINZA WEST只是一間洋菓子舖，

MARUGEN 14
10
WEST

AM 9:00
PM 11:00
PUSH
WEST

推開一旁階梯的玻璃門，裡面藏著一間充滿歷史的喫茶室。門裡門外的空氣，猶如兩個不同的時代。喫茶室的陳設延續上個世紀文化沙龍的氣息，咖啡色的座椅套著白色頭套，白桌巾上擺著鍍銀食器。這裡就連吃甜點也有一套自己的傳統：選擇菜單上的飲品，費用再加幾百日圓，就變成甜點組合（ケーキセット）。穿著制服的女服務生會托著一只特製的木盤，上面放著各式甜點，走到桌邊將木盤卡在桌緣，讓你從容選擇一項，一室風雅盡在不言中。

GINZA WEST 創業於一九四七年，最初店名為「GRILL WEST 銀座」，原為高級的西餐廳。當時日本人民才告別戰爭不久，市面上一杯咖啡的價格大約十日圓，但 GINZA WEST 的菜單上已經能見到一千日圓的高級料理。不巧半年後遇上政府禁奢令，禁止販賣超過七十五日圓的餐點，第一代社長依田友一先生便將高級西餐轉型成咖啡店和洋菓子舖，正式改名為 GINZA WEST。老舖的商標是一位拿指揮棒的小童，多少透露出此店過往的身世。五〇年代正逢日本「名曲喫茶」風行，高級音響設備在一般庶民家中還不常見，日本的咖啡店業者，便將聆聽音樂和咖啡香氣組合成一種新興的享受。當時這間店內就擺了一台鋼琴、兩台唱盤，輪流播放著古典樂。沒多久，GINZA WEST 便成了文人雅士的聚集地。時至今日，在店內還能看見貝多芬頭像鎮在左側角落。入門左側的大玻璃櫃中，可以見到一個個紙盒，裡面裝的全是名曲喫茶時期留下的古典樂蟲膠唱片。

店內每張餐桌上，皆放有一本小冊子讓客人索取，這和那段名曲喫茶的歷史有關。當年轉型成名曲喫茶時，店家發行一本自製刊物《名曲の夕べ》，兩年後更名為《名曲の栞》，以紙本為當週播放的樂曲提供介紹和解說，宣傳古典樂的優美。後來隨著時代刊物改名《風の詩》，廣為招募各界投稿，八百字內，不限散文、詩、隨筆等各式文學小品，並提供獲選者一萬日圓稿費。至今每月收到約莫六十餘篇，從中挑選四篇，週週更新。二〇〇六年七月為了迎接創刊來到第三千週，精選七十多篇文章，集結發行。至今店內仍延續這項傳統，讓客人自由取閱。二〇〇九年四月開始，同時在《文藝春秋》

自由取閱的自製刊物《風の詩》

入口的玻璃櫃收藏當年留下的古典樂蟲膠唱片

白色透明的冰淇淋蘇打水

GINZA WEST 另一項白色系甜點：香蕉聖代

月刊上連載。每回來我都會帶一份走。這般集時代文學、音樂、手工甜點於一身的歷史喫茶店，第一次上門的人，鮮少有不愛上的。

從一九八一年以來，GINZA WEST 店內所有的飲品全面使用日本南阿爾卑斯山脈的天然水。甘泉煮咖啡，怎能不美味？除此，這裡的甜點不用人工香料和色素，堅持手工製作。我鍾愛的葉子餅「Leaf Pie」，便是使用新鮮奶油和精選小麥粉，先將麵糰折出 256 層酥皮，接著手工桿出一枚枚的樹葉輪廓、畫出表面一道道的割痕，最後撒上顆粒口感的晶糖。費工成就的鬆脆口感，吃過便成死忠客。每回臨走前，我都必帶一盒回家私藏。

GINZA WEST 銀座本店（銀座ウエスト 銀座本店）
東京都中央区銀座 7-3-6

一代傳奇咖啡職人的聖地

日本咖啡大師關口一郎先生，於二〇一八年三月十四日以高齡一百零四歲辭世後，今天我是第一次回到銀座八丁目這間琥珀咖啡（CAFÉ DE L'AMBRE）。雖然生前最後幾年，老先生已將店裡的生意交由外甥林不二彥先生打理，但是他依舊每天坐鎮在店內的小房間，讓世界各地來訪的粉絲，皆能親睹本人的風采。

記得我有一回來訪，臨走前央求與他合照，當時百歲的他堅持走到門口採光漂亮的地方拍照，幾位店員一字排開沿途護衛的畫面，至今仍深印在我的腦海裡。百歲咖啡職人離世後，琥珀的魅力如昔，今天是平日晚上，店裡客人依舊滿席。我向林不二彥先生開口，這次來是想要為他拍一張個人的工

已故創業者關口一郎先生，攝於二〇一三年七月三日。

第二代店主 林不二彥

作照。露出靦腆笑容的他，一口就答應了。

這間店的故事，得從一九四五年戰爭結束開始說起。當時剛回到故鄉的關口先生，最初從事電影院相關器材工作。因為在公司會客室煮咖啡給客人喝，咖啡太美味大受歡迎，甚至有人提著禮物上門，不談生意、只為喝一杯關口先生的咖啡而來。一九四八年在周圍朋友的慫恿下，索性轉行賣咖啡，在西銀座的巷子裡開了第一間店。一九七〇年遭逢隔壁洋食店祝融波及，便遷店到銀座八丁目的現址。老爺子的回憶文中曾提到，當年銀座最貴的咖啡一杯賣九十日圓，他選擇從百元賣起。那時附近的人們都在猜，這間店可能不出十天就倒閉，結果專研多年的咖啡口碑大好，專程來喝咖啡的人越來越多。

店名取用琥珀色的法文 L'AMBRE，意味著追求琥珀色的美味咖啡。關口先生曾參與過富士皇家烘豆機的研發，還因此誕生了兩樣咖啡工具：一是能過篩出咖啡細粉的 Grid Mill 磨豆機。二是方便調整注水大小，壺口尖如鶴嘴的

店內的吧檯椅採特殊搖臂設計，狹小空間中也能自由進出。

用高腳杯裝盛的「琥珀女王」

手沖琺瑯壺。後來這兩樣工具都變成市售商品，至今還能在手沖壺製造商野田琺瑯公司的官網上，看見「來自東京銀座名店琥珀咖啡」的說明。翻開琥珀咖啡的菜單，配方豆和各式風味咖啡之外，還有以顏色區分五大類的單品豆及陳年老豆。第一次來琥珀的客人，多半喜歡菜單上的No.7「琥珀女王」，那是一款用高腳香檳杯裝盛的花式咖啡。店家萃取熱咖啡後，加入焦糖糖漿攪拌均勻，透過特殊的降溫手法做成冰咖啡，最後在表面倒上一層無糖煉乳。

若想看清楚現場這種特殊的「不插電」冰咖啡作法，建議點一份Iceless Ice-Coffee。店家先用法蘭絨濾布手沖萃取熱咖啡，再倒進調酒用的不鏽鋼雪克杯，放置手龍頭下沖水降溫。然後打開吧檯裡那台不插電的古董冰箱，將雪克杯橫躺在裡面的大冰塊上撥動旋轉，最後再倒入放有四枚咖啡冰塊的玻璃杯。上桌時附上無糖煉乳和果糖，做成名副其實的無稀釋冰咖啡。過程華麗，行雲流水，吧檯座位最方便欣賞。保證冰咖啡未入口，精神上已值回票價。

CAFÉ DE L'AMBRE（カフェ ド ランブル）
東京都中央区銀座 8-10-15

將裝有咖啡的手搖杯橫躺在冰塊上撥動旋轉

CAFÉ
DE

百年前第一間咖啡連鎖店

我常和朋友打趣地說，銀座七丁目這個十字路口，是日本喫茶店文化的黃金地標。最早出現冰淇淋蘇打水的資生堂 Parlour、全日本最資深的咖啡職人關口一郎的琥珀咖啡，還有這間日本歷史最悠久的咖啡館「聖保羅」，全部集中在這路口。加上附近還有我鍾愛的 GINZA WEST。喫茶迷來一趟銀座七丁目，就能一網打盡幾間重要的咖啡歷史名店，閱歷瞬間大增，實在超值。

這間聖保羅咖啡館「CAFÉ PAULISTA」（カフェーパウリスタ），不只歷史悠久，也是少數至今店名仍使用「カフェー」的地方。和今日普遍使用的カフェ，兩者的音譯字源都是來自 café。而尾音多了半拍的カフェー，則出現在日本二十世紀前半期，關東大地震之後發展出有女侍坐陪（女給）

カフェーパウリスタ
CAFÉ PAULISTA
コーヒー・ホームメイドケーキ
カフェーパウリスタ
銀座本店
CAFÉ PAULISTA
皮膚科・美容外科
長崎センタービル3F

CAFÉ PAULISTA
JAPAN

カフェーパウリスタ

CAFE PAULISTA
JAPAN

的風俗服務，一九三〇年代這股風潮甚至吹到當時日本統治的台灣。因此爾後催生另一個名詞「純喫茶」，用來強調無女色、單純賣咖啡的喫茶店。

聖保羅是巴西聖保羅州的首府，也是巴西最大的城市。十九世紀當地因為桑托斯港出口咖啡而繁榮。一八八八年巴西廢除奴隸制度，出現大量缺工，許多移民開始從義大利、日本等國家來到聖保羅的咖啡農場工作。一九〇八年這間咖啡館的創業者水野龍先生，帶了七百多人的移民團從神戶港遠渡巴西。兩年後水野龍得到巴西政府的信賴，無償提供他十二年每年一千俵（袋）的咖啡豆，委任他在日本宣傳銷售巴西咖啡豆；加上在當時政府大臣大隈重信的協助下，成立了合資公司「南美巴西聖保羅州政府專屬巴西咖啡銷售所」（南米ブラジル国サンパウロ州政府専属珈琲販売所），並且在一九一一年十二月十二日，正式開業聖保羅咖啡館「CAFÉ PAULISTA」。

今日店內放有創業時的舊址照片，最初店址位於京橋區南鍋町（今日銀座六丁目），為三層樓的白色土造建築。門口掛著巴西國旗，店裡除了有北歐風壁爐檯、大理石桌面和洛可可風格座椅，還聘請了美少年服務生身著海軍風格制服，手持銀盤端送咖啡。當時被視為高級品的方糖也出現在店內，原本是貴族才能享受的咖啡，成了一杯五錢的平民飲料，任何人都能輕鬆走進CAFÉ PAULISTA，更掀起一股「去銀座喝杯巴西咖啡」的風潮。甚至出現將銀座的「銀」字與巴西的日文「ブラジル」，組合成新詞「銀ブラ」（gin-bura）來形容這樣時髦的活動。當時聖保羅咖啡陸續在京橋、堀留、神田、名古屋、神戶、橫須賀等地開設分店，全盛時期全日本有二十多家，堪稱是全世界最早的連鎖咖啡店。

一九二三年關東大地震，東京陷入火海中，銀座聖保羅咖啡館也無倖免，同年遇上巴西政府無償咖啡豆供應到期，聖保羅開始改變經營模式。一九四二年戰爭期間，因為政府當局下令禁止使用「敵性語」，也就是交戰敵國的語言，和許多使用洋名的店家一樣，CAFÉ PAULISTA應當局要求更名為「日東珈

TOILET

78年、ジョンレノンとヨーコオノがカフェーパウリスタに
コーヒーを飲みにきた際、2人でサインしたコーヒーカップ

CAFÉ PAULISTA
CAFÉ da FLORESTA
森のコーヒー
CAFÉ PAULISTA
パリ祭
depuis 1910

琲株式會社」。相隔關東大地震四十七年後，一九七〇年日東珈琲在銀座八丁目現址，以 CAFÉ PAULISTA 之名重新開業。雖然比昔日規模小，不過店內的咖啡杯和湯匙、綠色咖啡罐，皆維持當年的面貌。一九七八年披頭四樂團成員的約翰藍儂與妻子 Yoko 造訪該店，讓歷史老店再度成為話題，吸引許多人到銀座逛街血拚之餘，順道慕名過來喝一杯。

身為東京現役最古老的咖啡館，舊址時代的聖保羅，二樓曾設有女性專用的喫茶室。恭逢其時，日本歷史上第一本女性經營、以女性為主的文學雜誌《青鞜》誕生。雜誌創辦人平塚雷鳥、詩人與謝野晶子等思想前衛的女性，都是這裡的常客。這讓我想起一七二〇年創業於威尼斯、義大利現存最古老的咖啡館花神（Caffè Florian），剛開業時也是唯一接受女性顧客，並且販售義大利第一份報紙的地方。咖啡館業主與自由思想，似乎始終脫不了關係。難怪經過數百年的文明變化，咖啡館這行業還是如此繁盛，始終有增無減，樣貌越來越多元。

CAFÉ PAULISTA（カフェーパウリスタ）
東京都中央区銀座 8-9-16 長崎センタービル 1F

紅磚古典咖啡館的雙壺手沖冰歐雷

從銀座七丁目步行大約五分鐘，五丁目這裡有一間文化咖啡館也很值得來。這間「Tricolor 本店」（トリコロール本店）是 KEY COFFEE 的前身「木村咖啡店」的創業者柴田文次，一九三六年為了推廣咖啡普及在銀座開了這間店，當時吸引許多海外歸國的藝術家和文化人，以及被簡稱 Mobo（モボ）和 Moga（モガ）的摩登男孩、女孩們，在此聚集。當時店裡最受歡迎的產品是閃電泡芙（エクレア），至今店內仍可吃到這項甜點。

這間店就藏在銀座巷弄裡的高樓中，雖然兩層樓的紅磚建築比周遭的大樓低，反而更顯搶眼，門口掛著紅白藍三色的法國國旗和店名遙相呼應。該店初代的建築在戰爭空襲中燒毀，現址這棟紅磚建築為 KEY COFFEE 第二代

菊
Lion
トリコロール
本店
Café
Thé
特選呉服の
ゑり菊

一樓客席吧檯

二樓客席一角

負責人柴田博一在一九八二年所修建。木製銅把旋轉門、水晶吊燈，以及二樓的壁爐與天窗，重現二十世紀初歐陸咖啡館氣氛的企圖，不言而喻。一樓旋轉門上的銅牌，刻的甚至是法文的推開「POUSSEZ」。走上通往二樓的階梯，牆上陳列著當年木村咖啡店的黑白照片。這天我剛好坐在一樓的入口旁，意外發現這間店另一項亮點：只要客人出入旋轉門，待客人遠離之後，就會見到服務人員上前雙手把旋轉門調整在固定位置，然後對外行九十度鞠躬禮。這種不卑不亢的服務風景，食物還沒上桌，就已經讓人覺得值回票價。

經過疫情，許多喫茶店都出現人力不足的現象，有些取消了原有的早餐服務，把營業時間延至十點開始營業，難得的是這間名店仍維持上午八點開門。超值的早餐服務固定附有一杯復古配方豆咖啡（アンティーク ブレンドコーヒー），另外也有幾種特製的冷熱飲品可以單點。其中我覺得最值得體驗的是冰咖啡歐蕾（アイスカフェ・オ・レ），它是一種桌邊服務的特製咖啡，服務人員會先在桌面放一杯放滿冰塊的玻璃杯，接著兩手持雙壺高舉過胸、

同時將壺中的咖啡和牛奶凌空準確地注入杯中。雖然我在日本其他喫茶店也有見過這種服務，名古屋的喫茶店甚至是站在梯椅上沖，不過身在這樣華麗古典的高級咖啡館裡，感受還是有所不同。

說起 KEY COFFEE 這間咖啡公司。從創業者柴田文次開始就和台灣結下淵源。一九三〇年代他先後在嘉義和東台灣開闢農場種植咖啡。今日台灣中央研究院台灣史研究所，仍存有當年他向日本勸業銀行台南支店貸款的文件。二〇一九年花蓮縣東河鄉北源村，將他當年種下的百年咖啡樹立碑紀念，他的孫子、今日該企業的社長柴田裕先生，在鄉長的邀請下特地來台參加揭碑儀式，繼續維繫這段跨國感情。

來 Tricolor 本店，臨走前一樓櫃檯旁有販賣他們的小西點，價格很實惠。我吃過的幾樣中，最推薦 Sable Nanterre（サブレ・ナンテール）這種奶油小圓餅，香氣濃郁口感又好，很適合買回家當咖啡伴嘴。

Tricolor 本店（トリコロール本店）
東京都中央区銀座 5-9-17

冰咖啡歐蕾

迷倒歌舞伎演員的華麗蛋包飯

十多年前我第一次去銀座吃蛋包飯，還得從東銀座站三號出口走出地面。不同於地面上的JR線，當時東京地下鐵給我的感受和倫敦相似，灰灰的壁磚和狹小的走道，給人一股強烈的歷史感，彷彿眼睛再睜大點就會看見半個世紀前的光影。為了第二次舉辦奧運，這幾年東京大興土木，現在翻新過後的東銀座站，和過往的印象判若兩人。車站出口直接連結歌舞伎座地下室入口，一步出車站就擠滿看戲和買紀念品的戲迷，大廳富麗堂皇，感受都升級了。

談起喫茶店的代表性食物蛋包飯，絕對少不了東銀座這間一九七〇年開業的「喫茶 YOU」。我第一次拜訪時，店面仍開在巷口的大馬路邊、緊鄰歌舞伎座的人行道上，後來經歷了歌舞伎座第五次重建，喫茶店搬進巷內現址，

you
OPEN
喫茶
you
tel.03-6226-0482
赤井

至今我只要來東京，再忙都會抽空過來吃蛋包飯喝冰咖啡，儼然成為我拜訪東京這位老友打招呼的方式。

喫茶 YOU 有兩層樓，門口綠色的霓虹燈管店名和傳統喫茶店招牌很不一樣。進門的客人，多半是為了這裡最出名的蛋包飯。日本偶像團體「嵐」成員之一的櫻井翔，曾在節目上表示自己是該店的蛋包飯擁護者，在眾多名人們的背書下，用餐時間店內總是坐滿慕名而來的客人。除此歐姆蛋三明治（オムレツサンド）和燉漢堡肉（煮込みハンバーグ）也是熱銷的餐點。加上老店的隔壁就是歌舞伎座，長年深受歌舞伎演員鍾愛的程度，牆上眾多的簽名板就是最好的證明，演員不但請店家外送整壺咖啡到休息室，遇到襲名慶祝，還會購買該店禮券作為贈禮。

歌舞伎座是日本傳統戲曲的殿堂，雄偉的桃山建築前後總共經歷四次重建，現為二〇一三年四月重新開幕的第五代建築，找來建築家隈研吾設計，整棟拆掉重建。雖然沿襲原有的造型，乍看和舊有外觀相似，但是建築物內部從建材到工法都重新設計，保證一百年後還能繼續使用。傳統的歌舞伎和中國的地方戲曲相似，特別是清一色為男性演員，優秀的演員會依「襲名」傳統承襲前輩的藝名，像台灣人熟悉的演員中村獅童就是例子。如果你仔細看，宣傳海報上的藝名旁，會有小字註明是第幾代。

喫茶 YOU 的蛋包飯說來傳奇，據說當年剛開業時店內只有提供咖啡和三明治，爾後才販賣蛋包飯，經歷不斷鑽研改良，才催生出這項招牌美味。讓蛋包蓬鬆的祕訣是：使用雙倍蛋汁和大量的鮮奶油，以果汁機攪拌均勻後，再用奶油熱鍋煎出蛋包。兩頭尖尖、飽滿光滑的蛋包蓋在以番茄醬、培根和洋蔥炒香的炒飯上，再擠上一條鮮紅的番茄醬，論配色或外型皆是藝術。

先用鐵湯匙輕輕劃開蛋包，鮮黃色的滑蛋像岩漿般，嘩地覆在粒粒分明的炒飯上。入口時奶油香氣直衝鼻腔，讓人想起立鼓掌。桌上放有店家提供

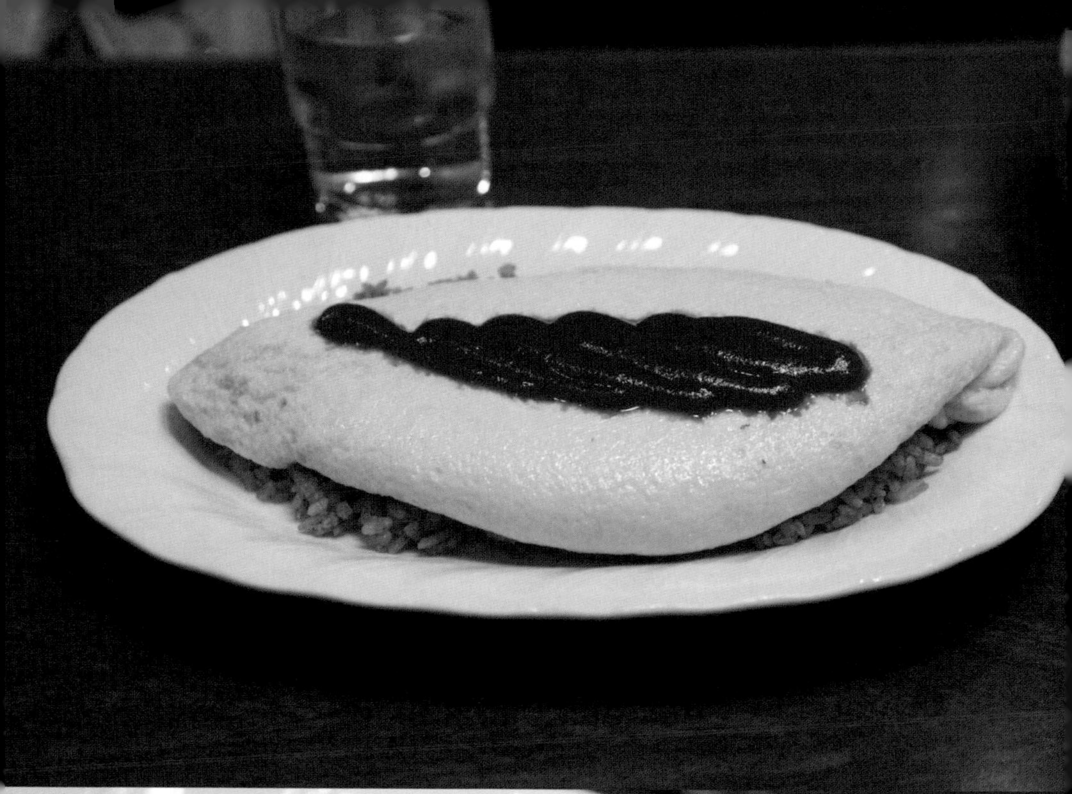

搭配福神漬醬菜又是不同美味

熱咖啡提供生奶油放入杯中慢慢融化

的福神漬醬菜，配著吃，又是不同的美味。日本不只喫茶店有研究所，蛋包飯也有研究所。任職於東京工科大學媒體學部的副教授岸本好弘先生，是蛋包飯研究所的所長。直至二〇二〇年，二十五年來他探訪超過八百五十間店、一千五百份蛋包飯。不但寫了蛋包飯的書、架設蛋包飯官網，還在二〇一九年舉辦「蛋包飯大獎賽」，在社群平台 Instagram 募集四十一位被稱為「omustagramer」的蛋包飯狂熱者，評選出每人心目中年度最喜歡的五家蛋包飯，總計一千三百七十九張照片中，決選出年度蛋包飯前三名。而這一年的冠軍，就是喫茶 YOU。岸本先生還在網路上貼出，頒發獎狀給第二代店主松嶌龍子女士的照片。

來喫茶 YOU 午餐時間最划算，蛋包飯套餐會附一杯咖啡，只要一千三百日圓。冰咖啡使用配方豆，淋入附上的奶水，甘口香醇。熱咖啡則提供生奶油，讓客人放入杯中慢慢融化，深受歌舞伎演員的喜愛。據說就算是離這裡兩個街區的新橋演舞場，演員們依舊指定外送咖啡過去，可見是真愛啊！

喫茶 YOU
東京都中央区銀座 4-13-17 高野ビル 1F-2F

2007 年在巷口舊址的風景

約翰藍儂和野菜湯咖哩

除了喫茶 YOU，歌舞伎座旁的小巷內還有一間「樹之花」（樹の花），名聲也十分響亮。除了招牌餐點是我最愛的咖哩飯，這間店也是藍儂迷的朝聖店。樹之花創業於一九七九年八月一日，據說開業第四天，店內就出現一對貴客，來自英國傳奇樂團披頭四的成員——約翰藍儂與他的妻子。

當天老闆娘和她的長子剛好在店內，身為披頭四迷、又親眼目睹巨星駕臨自己剛開張的店，兩人又驚又喜，長子甚至因為見到偶像緊張到雙手發抖，一時無法端咖啡。那天約翰藍儂點了哥倫比亞咖啡，妻子 Yoko 點了大吉嶺紅茶，他倆當時坐的靠窗座位，今日牆上仍掛著藍儂夫妻的合照與簽名，是不少情侶的指定席。他倆點過的咖啡和餅乾，現在則是店裡的人氣餐點「藍儂

本日のグラスワイン
¥800

MUSIC LIFE
BEATLE ALONE

約翰藍儂坐過的位子掛著他的簽名和自畫像

本日特製的「茄子碎肉咖哩」（左）與樹之花的招牌「豆與蔬菜咖哩」（右）

套餐」（レノンセット）：一杯香醇的哥倫比亞咖啡，搭配薄燒杏仁餅乾。

距離疫情前來這裡已經過了三年多，上回來店裡只有一桌客人，剛好就坐在藍儂夫妻的座位上。今日再訪全店滿席，卻只有這一桌空著，只能說冥冥之中我有喫茶之神的眷顧。樹之花的咖哩屬於湯咖哩，隨餐可選擇印度囊餅或五穀米飯。強調不用油烹煮的「豆與蔬菜咖哩」（豆と野菜のカレー）是這裡的固定菜單。今天另外還有本日特製的「茄子碎肉咖哩」（なすのキーマカレー）可選。我一時無法抉擇，決定兩樣都點來吃。湯咖哩用高級白磁食器盛著，比起一般食堂的咖哩飯，更多了一分雅緻。

說起印度料理，離這裡五分鐘步程，地下鐵東銀座站十字路口，有一間一九四九年創業、號稱日本最老的印度料理專門店「尼羅河」（ナイルレストラン），店裡使用銀色餐盤盛著雞腿咖哩飯上桌，外場人員會手持刀叉到你桌邊表演去骨秀，又是完全不同的飲食風格，也值得體驗。

樹之花（樹の花 Flor de café）
東京都中央区銀座 4-13-1

Flor de Café
樹の花
樹の花
since 1979
coffee
vino
お香・線香
香木・数珠
こうげん
KOHGEN
since 1937
2本右の通り
店まで150m
木挽町通り
銀座4-13
Flor de Café
樹の花

五代目
花山うどん

溫暖魚市場師傅的半熟蛋奶油燉菜

一直以來，每回我專程來東京魚市場都不是為了吃海鮮，而是喝咖啡。魚市場從築地搬到豐洲市場後我第一次來，步出車站完全不知道該往哪個方向走，在市場A棟鬼打牆繞了好久。找到地圖說明、又問了管理人員，才發現目的地在B棟。沿著高架的步道走去，連接大樓三樓的入口旁剛好就是喫茶店「千里軒」（センリ軒）。嶄新的空間和陳設帶著洋風氣息，如果不是招牌上寫著「創業大正三年」，應該會有人以為這是新開的店吧。

日本人可能是全世界最愛吃魚的民族。東京這座大城，每天清晨最熱鬧的地方絕對是魚市場。身為首都中央批發市場，太陽還未升起前，全城魚貨和蔬菜的批發交易已經激烈地進行著。百年前江戶時代的魚貨交易，最初聚集

センリ軒
Coffee
TAKE OUT ¥200
センリ軒の
ヒレカツサンド
¥600
スペシャルセットメニュー
¥1,000
センリ軒の
チーズケーキセット
¥500
センリ軒の
デザート
¥450
¥400
Coffee
TAKE OUT ¥200
築地舊址時的門口

築地舊址時的店內風景

在東京日本橋下的河岸，稱為「魚河岸」。現今橋下仍立著紀念碑，經歷關東大地震重創之後，一九三五年東京的第二代魚市場遷移至築地，市場分為：專業交易的「場內市場」和一般人進出的「場外市場」。

外市場聚集各種海鮮、食品雜貨店和餐館，當時築地有兩間知名的喫茶店「千里軒」和「愛養」，都是市場師傅們補充能量的愛店，兩間百年老鋪緊鄰一條街，各有風情。二〇一八年十月十一日，市場因故延遲搬遷的兩年後，第三代的豐洲市場終於取代舊有的築地正式啟用，商家也跟著遷來。由於愛養在市場搬家前兩年已經易主，新東家不打算經營喫茶店，唯有這間一九一四年開業的「千里軒」入駐豐洲市場，成為今日魚市場內百年咖啡店的獨響。

推開千里軒的大門，印象中狹窄的吧檯邊滿坐著成排男客的風景，已經變成開闊明亮的洋派食堂。遠遠地，我就見到第三代店主川島進一先生坐鎮在吧檯裡，熟悉的安心感油然而生。吧檯裡可以見到一只銀色的大圓桶，這東西

珈琲 センリ軒
創業大正三年
SENRIKEN
COFFEE SHOP
SINCE 1914
MEAL
BUTTERED TOAST
KATSU SANDO
COFFEE
ICED OR HOT
SOFT SERVE
ICE CREAM
SWEETS
PUDDING
EAT IN OR TAKE OUT
OPEN

牛奶凍與冰咖啡

店主 川島進一

叫「コーヒーアーン」（COFFEE URN），是從舊店移來繼續服役的鎮店之物。店員將預先沖煮好的熱咖啡倒入桶內保溫，點餐時再轉開桶上的閥口倒出，來應付人潮尖峰快速出杯的需求。如果你點的是牛奶咖啡，就會看到川島先生用單手鍋熱牛奶，再加入咖啡裡。除此，這裡的冰咖啡和日本許多老喫茶店一樣，是預先加好糖。年輕的咖啡愛好者可能比較難想像，甜的冰咖啡是什麼風味？其實味道不錯，偶爾體驗一下老派風味，也是一種文化閱讀。

我見其他客人在吃著白色果凍狀的甜點，乍看以為是杏仁豆腐，打開新菜單才發現是「牛奶凍」（ミルクジェリ）。印象中我沒在舊店嚐過，便舉手跟著追加一份。店家在牛奶和洋菜作成的涼凍上，淋上草莓果醬，可愛又爽口。雞蛋自古就被認為是滋養聖品，尤其深受老一輩的喜愛。剛才我在這層樓逛了一圈，IWATA 咖啡、以海鮮咖哩出名的中榮，這裡不同料理的店家，都不約而同販賣不同形式的蛋花湯。說到雞蛋做的湯品，來千里軒這間魚市場起家的喫茶店，絕對不能錯過招牌美食：半熟蛋奶油燉菜（半熟入りクリーム

千里軒的特別套餐（スペシャルセット）

シチュー）。店家將胡蘿蔔與馬鈴薯切塊精心熬煮成奶油燉菜，再添入一顆半熟蛋，熱乎乎地攪和成美味的一碗，溫暖每天清晨在市場內打拚的師傅們。如果再配上熱咖啡、沙拉和烤吐司，就是早餐時間最受歡迎的「特別套餐」（スペシャルセット）。這款美味定番從舊市場賣到新市場，可說是從魚市場發跡的千里軒，靈魂的所在。

有一件事我想炫耀一下。不管是閉店的愛養、或遷來新市場的千里軒，兩間店的「新年毛巾」（御年賀タオル）我都有。毛巾賀禮只有新年期間才拿得到，聽說原本是用手帕取代紅包，爾後變成實用的毛巾。這是店主新年送給老客人，請他們繼續支持的禮物，也是市場從魚河岸時代就有的習俗。毛巾皆印有店名，是我多年旅行喫茶店下來，自傲的戰利品。

千里軒（センリ軒）
東京都江東区豊洲 6 丁目 5-1 6 街区 水産仲卸売場棟 3 階

當檸檬遇上法國吐司

目送總武線的黃色電車繼續往東奔去，我在「平井」這站下了車。這裡已經快要離開東京的鬧區。下車前車廂上的跑馬燈顯示，過了這站列車將越過荒川，到達一個叫小岩的地方。熟悉的站名意外勾起我的青春回憶。二十年前因為狂熱於收集鐵皮玩具，每來東京必去小岩。當年那裡開了不少間頗具規模的古董玩具店，我為了方便每天悠遊不同的玩具店，甚至捨棄東京市區的飯店不住，選擇下榻小岩當地的民宿。

走出平井站，步行大約五分鐘就找到今天想拜訪的店家。昨夜在旅館的房間看電視時，恰好節目介紹這間喫茶店「ONE MORE」（珈琲ワンモア）的招牌餐點「加了檸檬的法國吐司」，當下馬上拿筆抄下來。

珈琲
ワンモア
珈琲
ワンモア
セットメニュー
①ハムエッグサンド
②ヤサイサンド
+
珈琲 or 紅茶
¥710-
AM9:30-PM13:00

說起法國吐司（フレンチトースト），我在日本喫茶店吃過印象較深刻的，應該是一九三二年在京都開業的 SMART COFFEE，他們將沾滿蛋汁的厚吐司煎得香味四溢，嚐起來就像豆腐軟嫩多汁，是京都喫茶店早餐的翹楚。

這間一九七一年創業的 ONE MORE，入門的收銀檯上方吊著寫有英文店名的燈罩，像是時裝雜誌上會出現的場景，好時髦。坐下後老闆娘送來菜單，笑著問我：「客人你也是看了松子的電視節目來的吧。」我來不及回答，這時又有人推門進來，老闆娘便忙著去招呼客人。我轉頭望向吧檯，店主人福井明先生正忙著煎法國吐司和熱鬆餅，他在五十多年前創業後，便和老闆娘福井絹代女士一起經營至今，今日女兒幸子也站在吧檯內幫忙。雖說是老店，店名和食物的賣相都很時髦，今天上門的幾乎都是年輕世代的客人。

坐下來沒多久，法國吐司就送上桌了。老實說，我從沒想過檸檬和法國吐司會這麼合拍，不只外型看起來搶眼，酸甜味交織地恰到好處，一下子就被我吃完。眼看熱咖啡都還沒喝，於是我追加了另一個招牌：熱鬆餅。在日本的喫茶店只要打著招牌菜是法國吐司或熱鬆餅，都會強調他們的煎檯檯面是用高級銅板製作，這間店也不例外。由於銅板的導熱快，這種銅板緩慢煎出來的餅皮，外酥內軟，火侯控制得當下，總是能充分發揮這類小麥粉甜點的特色，煎出漂亮又美味的鬆餅。

除了食物好吃，這間喫茶店長年受到當地人信賴還有另一個原因，老闆福井明先生二十歲就已經在澀谷的「ROLLO」、池袋的「BAMBI」幾間昭和時代的名店工作過，立志把咖啡業當作人生職志，因此他烘焙咖啡豆的手藝也是水準之上。目前店裡使用的是四十多年前引進的直火式烘豆機，咖啡焙度為深焙的法式烘焙，脂香飽滿，剛好擊中向來偏愛深焙的我。

我見吧檯忙碌告一段落，主動向前遞上名片和福井先生打招呼，一聽我是從台灣來訪，他邀請我到吧檯前觀察他如何煎餅。一連串流暢的動作，我

店主 福井明（左）與福井絹代(右)

熱的石榴汁甜甜的，像熱紅酒。

MATERIAL
One more
ワンモア
au 4G LTE
800MHz

和相機的快門都快跟不上。結束時，一旁傳來客人的聲音說：「老闆你要紅到外國去了呢。」只見福井先生瞇著眼笑說：「那麼我就在台灣出道吧。」

站在吧檯旁，我瞧見檯面上有一鍋正挖到一半的水果內餡，一問才知，那水果是石榴。這是我第一次親眼看見石榴，又怎能錯過嚐鮮的機會。石榴產季是十月到十二月，當下剛好是季節限定，我二話不說，立刻追加了一杯石榴汁。只見老闆娘聽到我還要繼續點，一臉驚訝連忙揮手跑來對我說：「不要一口氣吃這麼多東西，會生病啦。」

此時，我聽見店裡的客席傳來一陣笑聲。原來一直偷偷在關注店裡狀況的老客人們，再也忍不住了。

珈琲 ONE MORE（珈琲 ワンモア）
東京都江戸川区平井 5 丁目 22-11

天鵝家的天鵝泡芙

「洋菓子喫茶」是日本喫茶店文化中的一支大宗，這些喫茶室多半是附屬在烘焙店，但不只備有客席可以吃甜點，同時也提供熱食、冷熱飲等，只差沒有酒精類飲料。在東京的洋菓子喫茶店中，有一款「天鵝泡芙」特別讓我傾心。二〇一八年十一月《Brutus》雜誌的洋菓子特集，封面那隻天鵝泡芙出自東京駒込的洋菓子喫茶名店「ALPS」（アルプス），是該店長年的招牌甜點。可惜隨著二〇一九年日本一陣喫茶店閉店潮中，這間一九五九年創業的喫茶店第三代太田家族，也以建築老朽為由宣布閉店。我買過另一間、一九六八年在六本木開業的法式甜點老舖「A.Lecomte」的天鵝泡芙，二〇二二年在疫情下也宣布結束全部營業據點。據我所知，現在東京碩果僅存還能吃到這隻天鵝的地方，除了東京皇宮酒店附設的甜點部 SWEETS & DELI，再來就

CONFECTION
PARLOR
SHIRA TORI
Shiratori
TEL3956-5632

Shiratori
営業時間10：00~20：00
VISA
タッチ決済OK
Tap to pay with Visa
禁煙
No Smoking
AirPAY
VISA
nimoca
iD
自動
自動

かき氷
かき氷

是中板橋這間「歐風菓子 白鳥」了。

日文「白鳥」意指天鵝，可別以為店家是因為喜歡天鵝，所以取了這個店名。經營者的姓氏就叫白鳥。由姓白鳥的人來製作、販賣天鵝泡芙，可說是天鵝家賣天鵝，比其他人更來得師出有名。這間一九六六年創業的老舖，目前由第二代店主白鳥忠光先生經營。該店位於東武東上線的中板橋站南口，從池袋搭電車過來只要十分鐘。車站南口一走出來就可見到招牌。該店一樓為甜點舖，二樓是喫茶室，烘焙室在三樓。招牌甜點除了天鵝泡芙，還有名為「森之精」的年輪蛋糕。

據說該店創業時為高級甜點店，隨著時代物價上漲，店主一直努力不漲價，成了今日的平價甜點店。這味天鵝泡芙，除了內用、更多客人選擇外帶回家。傳統的泡芙通常將內餡注入球狀的泡芙皮裡，或是對切塗滿內餡的外皮再組合。白鳥家的天鵝泡芙作法不同，由底座、雙翼和頭頸四樣烤好的外

皮，加上內餡組合而成。先在底座擠上卡士達醬作為身體，再擠上一坨鮮奶油、組合兩側的翅膀，最後插上頭頸。卡士達醬帶著白蘭地的清香，讓整隻天鵝泡芙吃起來的口感清爽無負擔。由於全部手工製作，沒有使用模具，因此每一隻天鵝的表情都是獨一無二，光看就討人喜歡。除了各式甜點出色，這裡的室內空間氣氛也不俗。二樓的喫茶室面對車站的方向為整面落地玻璃，早上陽光照進整間喫茶室，明亮又開闊。坐在靠窗的客席上，就能清楚看見鐵道和從車站走出來的人們。喫茶室內整體的優雅配色讓人一眼就愛上，褐色幾何圖形的立體壁磚，搭配綠色天鵝絨椅墊和曲木單椅。據說是來自上一代店主的品味，今日看來仍十分時髦。

對了，這間店還有一樣甜點，也很吸引人，就是許多喫茶店都有的法式摩登布丁。和他處常見的船型容器不同，這裡使用布丁杯當容器，底部為蛋糕體和鮮奶油，上面放上布丁、紅櫻桃與哈密瓜，尺寸迷你，剛好適合一人享受，可愛程度不輸天鵝泡芙。

歐風菓子 白鳥
東京都板橋区弥生町 31-15

小巧可愛的法式摩登布丁（プリンアラモード）

台灣人創業的名曲咖啡館

法文 L'AMBRE（らんぶる）意指咖啡液的琥珀色，因此常被利用在喫茶店的店名。在東京，除了咖啡大師關口一郎先生在銀座創業的 CAFE DE L'AMBRE，新宿三丁目還有一間創業更早、規模更大的「名曲珈琲 新宿 L'AMBRE」，也以琥珀為名，我習慣簡稱它「新宿琥珀」。該店黃色的招牌，就在我愛閒晃的服飾店 BEAMS JAPAN 對面。幾年來，我只知道它是一間有歷史的名曲喫茶，直到去年看了日本雜誌，才知道原來這間店和台灣有淵源。

這間新宿琥珀的一樓雖備有客席，主要的營業空間是在地下室，入門後順著左側階梯下樓。假日來新宿琥珀，常能見到排隊人龍塞在樓梯間。步下樓梯後，第一次來的人都會因為眼前突然出現豁然開朗、如古堡般的巨大空間

名曲 珈琲
らんぶる
L'AMBRE

新宿中央通発展会
Coffee L'ambre
らんぶる
du cafe
No Parking
COFFEE L'AMBRE
珈琲
らんぶる
1階・地階

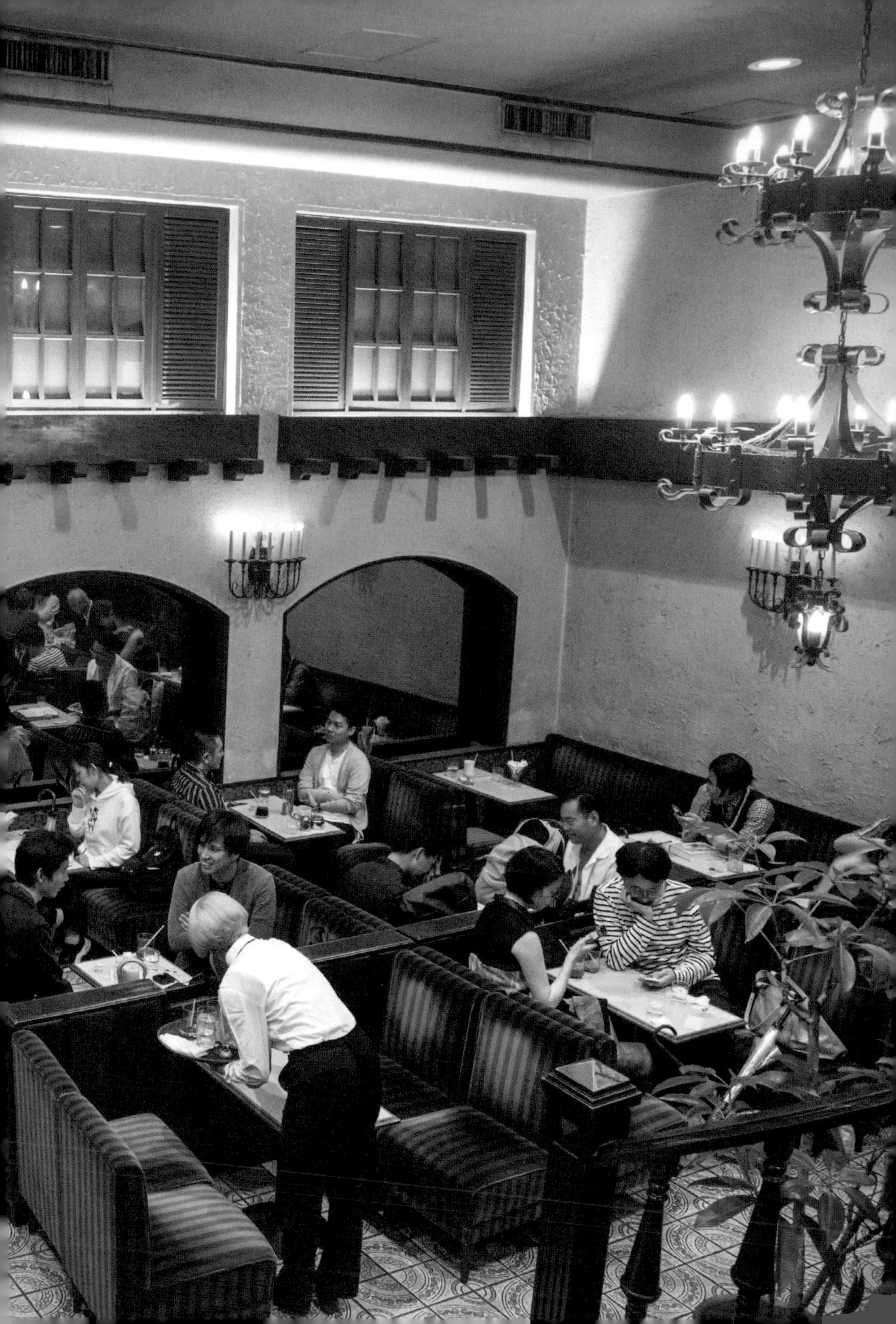

新宿琥珀地下空間的天花板挑高約兩層樓，吊著一人身高的大吊燈，客席數足以容納兩百人。

而驚訝不已。地下室的天花板挑高約兩層樓高，吊著一人身高的大吊燈，客席數足以容納兩百人。就算是在這裡同時舉辦兩場籃球賽，空間仍綽綽有餘。雖說是老店，來新宿琥珀的客群多半年輕，所有喫茶店該具備的冷熱食與甜點，菜單上都有。

根據資料，這間新宿琥珀的樣貌經歷過三個時期，一九五〇年呂芳庭先生創業的第一期，最初的店址並非在此，開業五年後才搬到現址。今日建築模樣為第三期，一九七四年進行改裝，當年的桌椅至今仍在店內服役。長年來我一直對於一樓的圓弧形拱門設計，感到好奇。直到日前在都築響一編著的《再編·建築寫真文庫》中，看到一張一九五六年該店第二時期的建築外觀，才明白拱門與昔日風景有關。當年採獨棟西式建築，約莫四層樓高，外觀雄偉氣派一如歐洲美術館，正面有高聳的三枝立柱，上方的橫樑就是圓弧狀。

二〇一九年六月號的《東京人》雜誌主題為「純喫茶宣言」，其中一篇日本研究學者稻葉佳子所寫的文章，揭露了戰後新宿當地與台灣人的淵源，我才知道有一群台灣留學生，戰後選擇留在日本，爾後成為當時第一批名曲喫茶的創業者。包括這間新宿琥珀的創業者呂芳庭先生，還有已經閉店的「でんえん」和「スカラ座」。之前我去輕井澤旅行，聽聞「スカラ座」創業者林金聲的兒子林岱山，在中輕井澤車站前重新開業「新宿スカラ座 輕井澤店」，雖然規模無法和當年相比擬，但是部分當年的傢俱仍在店內，菸灰缸上也留有「名曲珈琲 スカラ座」字樣。可惜那次旅行我雖然做好功課，但是玩到體力不支，咖啡也喝到破表、最終沒去拜訪，只能留待下回旅行。

過往我旅行過的喫茶店中，同樣出身台灣那一輩的名曲喫茶創業者，還有京都「柳月堂」的陳芳福，以及戰後在大阪、最初也是以名曲喫茶創業的「MADURA」（マヅラ）的劉盛森。這個有趣的歷史現象，原因已不可考，只能說那一代留在日本的台灣青年有志一同，對於經營一邊聆賞音樂、一邊喝咖啡的行業，充滿熱情。

名曲珈琲 L'AMBRE（名曲珈琲 らんぶる）
東京都新宿区新宿 3 丁目 31-3

左：冰維也納咖啡（アイスウインナコーヒー）
右：巧克力百匯（チョコレートパフェ ）

奧運年開業的新宿喫茶店代表

今天二〇二三年八月三十一日，是位於新宿三丁目、營業長達五十九年的「珈琲西武」本店，搬家前的最後一天營業日。我特地從台灣趕來看它最後一眼。從一週前開始，排隊的人龍就不曾間斷過，從早上到深夜、從樓上排到樓下，就算現場得等候兩小時以上才有位子，依舊擋不住不同世代的老客人，來親送陪伴自己度過許多約會時光的地方最後一程。

這間與新宿琥珀位在同一條路上的珈琲西武本店，開業於一九六四年，那年也是東京第一次承辦奧運，至今仍深受年輕學生與上班族的喜愛。它位於綜合商業大樓的二、三樓，二樓為吸菸席，三樓為禁菸區。為了方便商務客，

「珈琲西武」新宿三丁目舊址最後營業日的排隊盛況

珈琲西武西新宿店

角落還備有投幣影印機。日前以建築老舊為由，經營者決定將本店搬遷到位於歌舞伎町、新宿役所旁的新店址。

年輕時來東京旅行，日本朋友告訴我，老東京人來新宿有一套SOP：先去紀伊國屋書店買書，接著上新宿中村屋吃咖哩飯，最後外帶一份新宿高野的水果蛋糕。像我這樣的外國旅客，珈琲西武本店最吸引我的，是營業到晚上十一點半。晚上八點後，車站附近的百貨公司或餐廳多半關門了，和朋友相約見面或不想太早回旅館，能去的地方不多。這時，我第一個想到的就是珈琲西武。深夜十點多，坐在店內靠窗的客席，看著樓下流連街頭仍不想回家的人們，更能體會到深夜喫茶店在城市中存在的可愛之處。

除了二〇二三年十月歌舞伎町開幕的新店，二〇一九年九月東京二度主辦奧運前夕，珈琲西武在西新宿開了分店。裝潢承襲該店固有的風格：紅色天鵝絨沙發、木質屏風，以及經典的吸頂彩繪玻璃燈罩——它可說是珈琲西武的精神代表，就連店內冰咖啡專用的高腳玻璃杯，也設計印有仿彩繪玻璃的花紋。無論是本店或分店，只要站在樓下抬頭仰望，都能看見店內天花板發著光的彩繪玻璃燈罩。這種彩繪玻璃在昭和時期深受喫茶店業者的喜愛，更成為二十世紀喫茶店的風格符號。珈琲西武找來成立超過七十年、此方面首屈一指的專業工房「株式會社松本 Stained Glass 製作所」製作。該公司經手過眾多日本國內古蹟文化財的修護，上野高級喫茶店「喫茶古城」和銀座「資生堂 Parlour」的彩繪玻璃，皆是交由該製作所修復。

珈琲西武的名物有西武咖哩、各種口味的百匯，以及日本導演今泉力哉曾經公開示愛、使用六顆雞蛋和獨家多蜜醬的新宿特製蛋包飯。其中讓我最無法抵抗的，是有「大人的兒童餐」雅名的 Combo 組合餐。店家把喫茶店的兩項美味定番：蛋包飯和拿坡里義大利麵一起放進盤子裡，佐上生菜沙拉，最後插上一只小國旗。純真模樣完全勾起我的童年幸福回憶，讓成為大人的我可以享受久違的任性。

珈琲西武 西新宿店
東京都新宿区西新宿 7-9-16 西新宿メトロビル 2F

左：新宿特製蛋包飯（新宿特製オムライス）右：Combo 組合餐（コンボ）

像一部昭和青春電影

新宿車站每天平均上下車人數多達三百多萬人次，被金氏世界紀錄認證過，是全世界每天最多旅客的車站。想當然，在車站周遭的喫茶店不只多，競爭肯定激烈。能在這兵爭之地存活超過五十年以上的店家，都有其吸引人的條件。從新宿站步行不到五分鐘，這間「珈琲 TIMES」（珈琲タイムス）就是其中一間這麼魅力四射的地方。

該店創業於一九六七年，一推開店門就會見到玄關處一只壓克力製的大型報架。據說開業初期每天準備十五種不同的報紙，提供給店內的客人選擇，店主人便以常出現在報紙抬頭的 TIMES 當作店名。由阿部寬主演的連續劇《不能結婚的男人2》、新垣結衣主演的《掟上今日子的備忘錄》，都曾在此店

珈琲 タイムス
B1F
コーヒー
タイムス
スパゲッティーの
パンチョ

都会のオアシス
珈琲
タイムス
日経 サンケイ 毎日 読売 朝日
報知
日刊スポーツ
東スポ

化粧室

取景。這間店採全店吸菸席。雖然如此，不抽菸的我仍然忍不住來了好幾回。據說吧檯裡負責廚房的大叔已經在此工作超過三十年，整間店的氣氛彷彿還停留在那個高經濟成長時期的日本。在這個熱愛滑手機的時代，難得還能見到這麼多人留在喫茶店裡不回家，有種莫名的感動。

第一次來我就認出天花板那兩顆黑色的大圓球，那是一九七〇年代的夢幻逸品、德國 GRUNDIG 公司出品的無指向性球型喇叭。店內的紅色天鵝絨木椅、鐵製的吊燈以及燻黑的磚牆，都是店裡開業至今的裝潢。這間店還有一項有趣的設計，店家在靠牆的立柱包覆凹凸紋理的銅板，長年因為客人身體靠在上面，被磨擦到發亮，留下老店才有的時間痕跡。這裡的魅力，實在很難用文字表達。特別的是，在不同的時段，客人的成分也有所不同。平日早上來吃早餐，多是看報紙或談事情的社會人士。週末晚上來，就全是二十、三十代的年輕人在聊天或打發時間。桌上的菸灰缸飄著煙、也飄著昭和時代青春電影的氣息，連可愛的服務生都像臨演。

珈琲 TIMES（珈琲タイムス）
東京都新宿区新宿 3-35-11 タイムスビル 1F

珈琲 TIMES 室內立柱上的銅板長年因為客人摩擦而發亮，是老店才有的時間痕跡。

新宿西口的大正浪漫

跟著週末的人群，我從新宿東口附近的「舊青梅街道」地下道往西口走去。以往來新宿只要走錯出口，想往返東、西口都得走這條地下道。二〇二〇年七月新宿站內的東西自由通路開通後，橫越新宿車站容易多了，但我還是習慣走這條熟悉的地下道。走出地下道，就看見古色古香的「但馬屋珈琲店本店」出現在居酒屋聚集的思出橫丁巷口。三層樓建築由瓦頂、木樑與白壁組成，幾分大正時代的風情。招牌上一隻狗在烘焙咖啡豆的圖案，是二〇一七年該店正逢三十週年時，找來知名繪本畫家所繪製。

其實我昨夜已經來過，今夜二訪。喜歡上一間店的反應通常就是這麼直接，你會想在短時間內增加和它相處的機會，跟談戀愛很像。緊鄰在這間店

自家焙煎
但馬屋珈琲店
但馬屋珈琲店
新宿
思い出
OMOIDE

的思出横丁，戰後曾是當地的闇市，也就是黑市，爾後成為眾多飲酒店的聚集地。一九四五年這間店初代的創業者倉田數雄，就在那個百廢待舉的時代開始販賣起旅行袋與和雜貨，一九五九年轉型為綜合舶來品店。倉田家決定轉換跑道賣咖啡，是在一九六四那年。他們將現址原有的店面改裝成喫茶店並取名為Eden，從此踏入咖啡業。一九八七年第二代將整間店重新改裝成今日模樣，並以創業者的故鄉兵庫縣但馬地方命名，轉型定調為高級喫茶，新宿但馬屋珈琲店的新時代就此展開。據說當年喫茶店平均一杯咖啡價格約三百日圓，但馬屋的要賣五百。直至今日一杯八百多日圓，繼續和時下講求CP值的風氣，逆風而行。

並非豆子好、售價高，就能稱為高級，但馬屋珈琲店和他處最大的差異是給客人使用的杯組、充當菸灰缸的小皿，都是上萬日圓的高級瓷器或古董。桌上擺放著黃銅製糖罐、民藝風格的木製客椅，處處感受到店家企圖傳達的和式優雅品味。昨夜我點了冰的特選原創配方豆（但馬屋オリジナル），今天一樣的豆子改喝熱的，配上一份這裡的名物：出自新宿老舖「時屋」，烙印有店名的銅鑼燒（どら焼き）。這間時屋來頭可不小，一九四八年開業，曾經是漫畫家藤子不二雄的愛店，他筆下哆啦A夢熱愛的銅鑼燒，原型就是來自時屋。但馬屋珈琲店本店的咖啡種類豐富，有一杯三千多日圓的麝香貓咖啡，也有低咖啡因的哥倫比亞豆。原創配方豆由哥倫比亞、巴西、衣索比亞與瓜地馬拉四支豆子組成，現場法蘭絨手沖萃取，一次一杯。

目前但馬屋在東京共有四間店，我獨愛本店的氣氛。雖然二樓也有客席，不過入門前我特地在門口偷看了一下，確定吧檯有空位才推開店門。此店一樓的吧檯是整間店的中央舞台，我只想坐搖滾區。店員各個端正挺拔，吧檯後方的架上放滿各式高級杯組，我見架上貼了一張標語寫著「柚子的初戀」（柚子の初恋），勾起我的好奇心，詢問了店員得知有冷熱兩種，我點了冷的。送上桌一入口才知道，就是柚子汁嘛！不得不說，取這個名字的人太高明，絕不是什麼初戀新手，比較像情場老手會想出來的語句。

但馬屋珈琲店本店
東京都新宿区西新宿 1-2-6

特選原創配方豆（但馬屋オリジナル）與銅鑼燒（どら焼き）

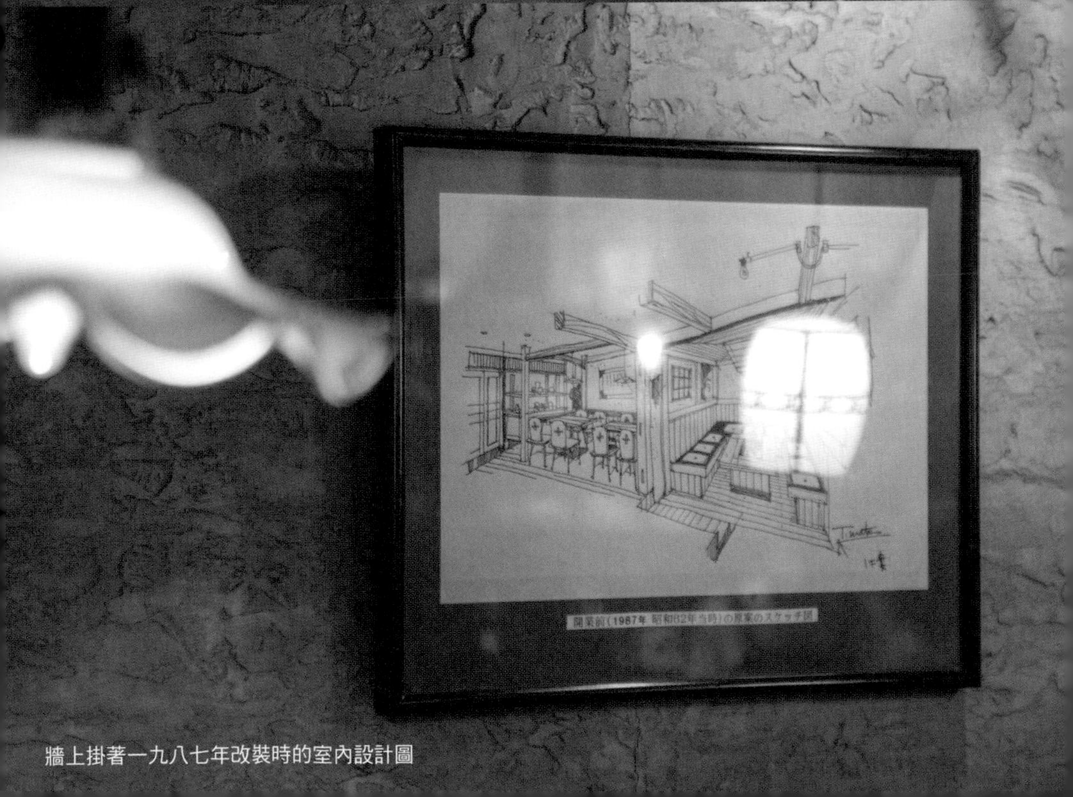
牆上掛著一九八七年改裝時的室內設計圖

挪威的森林與香蕉百匯

這週是東京今年最熱的一週，從JR惠比壽車站西口走出來不到三分鐘已經汗流浹背，想找個地方避一下正午的艷陽。我想起車站對面的「惠比壽銀座通」商店街上這間「喫茶 銀座」。幾年前我在日本通信公司NTT DOCOMO二十五週年的廣告影片中看見這間店。那部廣告片總共出現兩間喫茶店的畫面，一間在大阪通天閣附近，被我在該區地毯式搜索後找到。這間店因為有出現門口的招牌，找起來容易多了。許多電影和戲劇都在這裡取景過，像是《短劇開始了》、《王牌大律師》等，堪稱是東京喫茶店中數一數二的取景地。其中又以二〇一〇年由法籍越南裔導演陳英雄執導的電影《挪威的森林》最令我印象深刻，尤其片中男女主角兩人座位旁的那只酒櫃造型奇特，以至於當我搜尋到店內照片時，一眼就認出來了。

酒櫃後方是男女主角在電影中的座位

お願い
当店の滞在時間は

今天我運氣太好，一推開門便望見那只酒櫃旁、電影中男女主角的座位正空著，趕緊坐了下來。置身在這間店內，就能明白為何這麼多導演喜歡在這裡取景，店內陳設集合眾多二十世紀後期的時髦元素，難以形容的魔幻氛圍，非復古兩字足以形容。這間店從一九六二年開業至今，因為開在惠比壽銀座商店街上，取名喫茶銀座。惠比壽這區緊鄰著澀谷與中目黑，長年是時尚與青春的交匯處。在這樣競爭的區域能成為老店，需要有超然的魅力。我認為一間店的魅力，一半是店主決定，像是裝潢、食物風格。另一半則是客人所成就。這間店的客人無論什麼年齡，打扮和態度各個充滿自我，說潮還不足以形容，大夥在這深色玻璃後方的沙發上，彼此不打擾地享受自在，完全彰顯都會喫茶店的特質與魅力。

沒多久，我點來消暑的香蕉百匯送上桌了。有趣的是，它是用常見的聖代杯裝盛。說起「百匯」和美式甜品「聖代」，都會搭配鮮奶油和冰淇淋，因此許多人將它們混為一談，就連從名古屋到台灣展店的連鎖喫茶店業者，也在中文菜單上將百匯譯為聖代。但它們其實分別源自不同的飲食文化。

百匯（パフェ）詞源為 parfait，中文也有人譯為芭菲，意指完美。最初原為一種裝飾在盤子的法式凍糕甜點，演變至今以透度高的薄玻璃杯裝盛，分層裝入堅果、水果等食材裝飾。在日本，喫茶店或是性質相似的 Parlour（パーラー）以各種當季的高級水果為主角，搭配低甜度餅乾和冰淇淋作為內容。像是春天的草莓、夏天的葡萄，皆為每年的重頭戲。東京的千疋屋和資生堂都是製作百匯的翹楚，每客要價兩、三千日幣之譜，依舊受歡迎。至於源自美國的聖代（サンデー），堅持自己是發祥地的地方不只一處，其中一說來自伊利諾州。早年當地因為教會在禮拜日有冰淇淋禁令，店家認為只要加上其他食材，就不算是冰淇淋，因此催生出聖代。最初只在禮拜日賣，取名 Sunday。但教會認為安息日這天拿來當名字是對神的褻瀆，於是改稱 Sundae。常見的聖代玻璃杯較厚重，內容以美國人熱愛的冰淇淋和巧克力醬或果醬為主角，佐上鮮奶油裝飾，有些店會再灑上彩色巧克力米，是名副其實的美式「甜」點。

喫茶 銀座
東京都渋谷区恵比寿南 1-3-9

MENU

高圓寺的康乃馨

旅行過東京的人，應該都在票口拿過那張彩色的 JR 路線圖。如果把山手線的綠圓圈當作首都圈，從東邊的東京站這頭要到西邊的新宿、吉祥寺，搭乘「中央線快速」從首都圈中間橫越過去最省時。不過週六、日及假日，橘色的中央線快速不停靠新宿以西的高圓寺、阿佐谷、西荻窪這三站。假日去這三站、必須轉搭各站停車的「中央總武線」。住在西荻窪的朋友跟我說，週末時快速列車不停靠的好處，就是人潮不會像吉祥寺那麼擁擠，適合悠哉閒晃。就這麼剛好，幾間我覺得珍貴的喫茶店，都在這三站上。

每回只要我從秋葉原站換乘中央總武線，便會順道在月台上開業七十年的牛奶亭喝瓶冰牛奶，至今我家裡仍留著二十年前從這裡帶回去的空瓶。這種月台上的牛奶亭，最初一號店是一九五〇年開設在御徒町站，次年秋葉原站總武線的第五、六號月台上相繼開設「Milk Stand」（ミルクスタンド）和「Milk Shop Luck」（ミルクショップ酪）。從最初只有五種牛乳，到現在提供五十種牛乳選擇，足足增加了十倍。每天清晨六點半開始營業，專賣來自日本各地的復古玻璃瓶牛奶和麵包蛋糕。如同站著飲酒的「立吞」，一群人利用等車空檔站著喝牛奶、吃點心，充滿昔日溫暖的昭和風情，加上玻璃牛奶瓶復古可愛，據說三間店加起來，最多一天能銷售多達三千瓶。

喝了一瓶咖啡牛奶，又在每站停靠的總武線上小睡了一下，半小時後神清氣爽的我從高圓寺站南口走出來，沿著商店街往南走，才兩年沒來，沿途的商店似乎又換了一輪。步行不到十分鐘，就來到這間名曲喫茶「NELKEN」（ネルケン）。門外依然綠意盎然，我小心地推開門，輕手輕腳地走進去。和澀谷另一間擁有兩層樓空間，座位統一朝向巨型喇叭的「名曲喫茶 LION」相比，NELKEN 就像是古典樂的沙龍客廳，散發另一種小而美的氣質。

MILK SHOP LUCK
酪
R-1

Nelken
名曲
ネルケン
NELKEN

一九五五年創業至今，NELKEN 店名來自德文，意指康乃馨。踏入大門，室內果真佈置許多康乃馨。據說店內擁有三千張的古典樂黑膠唱片，CD 也有兩千餘張。店主人鈴木富美子女士本人氣質出眾，我認識這間店十多年來，她優雅的面容與神態幾乎沒變，除非有客人買單結帳，不然多數時間她都坐在店最裡面的石砌吧檯看書，從容處理著自己的事。

開業之初，據說這棟兩層木造樓房是該區附近最高的建物。鈴木女士的夫婿傳太郎先生親自設計了店的裝潢與傢俱，並且找來專做神社的木工施工。為了創造完美的古典樂聆聽空間，特地將店內天花板挑高、並且利用石膏在四周牆面做出凹凸不平的紋理，配合窗戶的厚絨布窗簾營造出吸音的效果。

NELKEN 客席的特別之處，在於它充滿藝術性的屏風。店家利用木籬笆，加上高椅背、矮椅腳的紅絨布座椅，區隔出私密如包廂的空間。坐在座位裡擁有十足的隱私感，讓人安心。初次來這裡的朋友，我會建議欣賞兩個地方，一個是這裡的地面和京都西陣的喫茶店「靜香」相似，客席和走道有約一塊磚的高低差設計，讓走道如河流、分隔出客席與動線。另一個重點是要去上廁所。倒不是洗手間裡有什麼珍寶，而是途中會經過那座充滿歷史的砌石吧檯，其散發出沉甸甸的歐洲雅緻氣質，在這座城市可是十分少見。

這間店還有一個特別之處：只利用更換音樂的間隙時間來洗滌食器，據說是店主人怕水聲破壞客人聆聽音樂的興致而設下的規矩。今天來 NELKEN 的客人手上都拿著書，安靜地在古典樂聲中享受閱讀。就算是兩兩相約在此談事，也是壓低音量，恪守降低噪音的淺規則。這時一對年輕情侶走進門，見到女孩身上背著一台底片相機，讓我想起了多年前的往事。

十多年前，一個冬季的晚上我第一次來訪。當時我去過的喫茶店還不多，入門就被店內獨特的氣質吸引，差點不想回飯店休息。離開前，我想拍幾張照片留念，但是又怕快門聲破壞氣氛。

合 計
係
名曲
ネルケン
TEL (3311) 2637
No.

於是我異想天開，打算利用店內的音樂掩護，趁著古典樂來到高昂時拍照。我選了一首充滿氣勢的交響樂，拿出相機等待著。隨著旋律緩慢前進，終於等到音量來到最高之際，見機不可失的我馬上按下快門。但是萬萬想不到，那竟然是交響樂的結尾！只見整屋子安靜的空氣中，迴盪著我清脆的連續快門聲，喀嚓、喀嚓……

接著等待下一曲開始的那幾十秒鐘，彷彿有一千年這麼難捱，爾後有一段時間，我都不好意思再來。

名曲喫茶 NELKEN（名曲喫茶 ネルケン）
東京都杉並区高円寺南 3 丁目 56-7

日式炊飯風格的獨特蛋包飯

原本在銀座搭上丸之內線，準備要去新宿中村屋吃咖哩飯的我，想不到竟然在地鐵上睡著了。過站後驚醒已經來不及，索性乾脆繼續搭來「新高圓寺站」下車。這裡有一間喫茶店的咖哩飯，最近在網路上的討論度很高。總之，我今天真的很想吃咖哩飯。

步出車站，走過一片尋常的住宅區，轉角出現一棟黑瓦泥牆的古建築，醒目唐突。門前的燈箱招牌上畫著貓頭鷹，我馬上加入門口排隊的人龍。半小時後，終於得以進入。步入店內，右側雋永的木製吧檯前已坐滿客人，老房子內佈置了大量昭和時代的民藝傢俱與裝飾，搭配出一股懷舊的甜味，俯拾皆是讓我想按下快門的畫面。

和風口味的蛋包飯

肉末咖哩

一九七八年開業至今，七森長年來以餐點美味出名。店名七森（七つ森）出自宮澤賢治故鄉岩手縣的一處地名，曾經被作家寫入作品《折射率》中。二〇〇五年三月日本政府以文化財保護法，將七森連同狼森等，一共六個曾經出現在宮澤賢治作品中的地區，合併規劃為名勝風景地，並且以作家在作品中勾畫出的烏托邦「IHATOV」（イーハトーブ）命名。

七森的菜單品項之多，足以稱為食堂。日本網友推薦的招牌餐點有三樣：蛋包飯（オムごはん）、肉末咖哩（キーマカレー）和卡士達布丁（カスタードプリン），今天我胃口好，決定三樣都點。我常在日本吃蛋包飯，但是沒加番茄醬炒過、不是紅飯的蛋包飯，我還是頭一次見到。

這裡的蛋包飯為和風口味，食材有牛蒡、牛肉、金針菇等，風味像是日本傳統料理的炊飯，店家用民藝風格的瓷盤盛著，蓋上雙蛋分量的蓬鬆歐姆蛋，再撒上海苔片，和風十足，已不能歸類為洋食。既然不用番茄醬炒飯，歐姆蛋上當然也不適合擠上番茄醬，店員建議灑上山椒粉，據說這是客人們公認最內行的吃法。至於這裡的乾咖哩，是北印度和巴基斯坦一帶常見的「Keema Curry」，不過它的長相格外可愛，店家先把白飯堆成小丘，鋪上一層咖哩肉末，肉末頂上再放一顆生蛋黃，光是外觀就讓人充滿食慾，我將飯、肉末與蛋黃三味一起入口，滋味和傳統的日式咖哩截然不同。最後收尾的卡士達布丁，我選擇搭配熱咖啡的組合。布丁的焦糖和蛋黃味濃醇香，而且分量不小，堪稱完美句點。隔壁桌兩位小女生，瞥見我一口氣將三樣餐點完食，兩人竊竊私語，露出不可思議的表情。

臨走前我特地問了櫃檯，有沒有火柴可以索取。只見店員微笑告訴我，他們沒有火柴盒，但是給了我另一個驚喜。這是七森一項特別的文化：店家在日幣五元銅板的圓孔上綁上一截緞帶，利用找錢的機會送給客人。為了讓客人收到他們特製的五元硬幣，菜單上的價格尾數，都是五。是標榜不收現金的電子支付，永遠無法提供的禮物。

卡士達布丁

ハンバーグ
やさいカレー
キーマカレー
ココナッツカレー
バタートースト
シナモントースト
ガーリックトースト
NOSMOKING-TIME

本日の
ランチ
サラダ
スープ
珈琲 又は 紅茶 付き
A
B
海老 とビーツの
ピラフ
SET
¥1.085
鶏挽き肉とヤーコンの
和風クリームスパゲティ
SET
¥985

珈琲亭七つ森
区高円寺南2-20-20
03-318-1393

マンデリン

這其實是日本民間的一項習俗，日文五元（五円）和緣分（御緣）的發音都是「go-en」，因此日幣五元擁有特殊地位。尤其參拜神社時，大家最喜愛用五元硬幣和神明套交情，「賽錢箱」裡收到的多半是五元硬幣。有些人為了交朋友，會在旅行前準備一些五元硬幣贈送他人。情侶為了祈求愛情穩定，也會在緞帶上寫上名字，串上五元硬幣綁在欄杆上。巧合的是，五元的中文發音和台語「有緣」（ū-iân）的發音也相似，台灣宮廟裡供奉的虎爺有大錢換小錢、類似發財金的習俗。我也是用五元換一元和虎爺結緣。

據說最初五元日幣在一九四八年發行時，中央並沒有圓孔，後來原物料上漲，為了節省成本，一九五九年開始改成中央有圓孔的版本。過去我因為不知道結緣的道理，和日本友人去神社參拜，看見朋友丟出五元、自己丟出百元硬幣，內心一度誤會對方怎麼對神明這麼小氣。現在回想起來，還真的很不好意思。

珈琲亭 七森（珈琲亭 七つ森）
東京都杉並区高円寺南 2 丁目 20-20

晦暗，巧妙運用色光三原色紅、綠、藍。不同顏色的光源，讓整間店有如置身阿凡達星球的夜間森林。晦暗中，客人和桌上的飲料出現了夢幻的藍紫色。我抬頭仔細一看，發現天花板還會變換顏色呢！

店名gion為京都藝伎區「祇園」的拼音，餐巾紙上印著一名藝伎手持一朵花，圖案細緻優雅。據說店主關口宗良在創業前，花了一年多走訪日本全國三百多間喫茶店，最後自己設計出現整間店的模樣。我曾經在日媒《日刊現代》上讀過一則他的專訪，當年大學畢業後他進入一間黑心企業工作，每天上班時間長達十六小時，只有元旦新年那天休假，因為沒時間花錢，短短十多年就存下一筆可觀的創業金，最後他拿來開了這間店。

除了光線，這裡的飲料也是多彩多姿。冰淇淋蘇打水有綠色的哈密瓜和藍色夏威夷兩種口味，而且造型硬是比別人海派，加了兩球冰淇淋。果汁則有粉紅色的草莓和白色的香蕉兩種，常讓人天人交戰，不知該從口味選？還

是從顏色選擇。今天正逢盛夏，我點了一杯日式奶昔（ミルクセーキ）。

在長年的喫茶店旅行中，我發現日本喫茶店賣的奶昔，和美式漢堡店用冰淇淋與牛奶製作的奶昔，是完全不同的食物。許多傳統喫茶店的日式奶昔作法，源自九州長崎最古老的喫茶店「鶴茶庵」（ツル茶ん）第一代川村岳男的食譜。雖然以奶昔的英文「Milk Shake」為名，實際上是用蛋黃、煉乳（或牛奶），加上香草精拌勻成黃色醬汁，再用碗公裝入刨冰一起拌勻成冰霜，作法和台灣的泡泡冰相似，滋味則像早年流行過的蛋蜜汁，酸酸甜甜的。

同行友人見店內每張桌上擺放著一盞彩色鑲嵌玻璃燈，便問我為何日本喫茶店裡，常見到這種燈？這類美術燈其實有個響亮的名字，泛稱「第凡內燈」（Tiffany Lamp）。因為最早將這種玻璃鑲嵌技術應用在燈罩設計上的公司，正是美國知名珠寶品牌 Tiffany & Co. 創立人的兒子成立的 Tiffany Studios。一八八五年這間工作室成立於紐約皇后區，作品造型多為新藝術運

動風格的自然有機線條，雖然工作室在一九三〇年代歇業，至今仍有許多燈具業者繼續模仿生產。我想喫茶店的主人們可能是鍾情於它的舊時代風情，容易讓人聯想起日本大正時代與昭和初期的復古情懷，因此喜歡在店內擺上了這種彩色鑲嵌玻璃燈。

gion的女服務生和許多喫茶店一樣穿著制服。不過這裡的制服設計得和高中校服很像，加上今天鄰桌有女客人恰好一身蘿莉塔裝扮，在夢幻燈光下，整間店瀰漫著一股青春氣息。這裡最受歡迎的招牌食物是拿坡里義大利麵，可惜剛吃飽的我們無力招架，於是學鄰桌點了一份鬆餅。

這裡的鬆餅和其他喫茶店不同，附有紅豆泥、鮮奶油、草莓果醬和奶油四種沾醬，分量慷慨。我見店裡其他桌正逢青春期的女孩們，都點了一份來吃。忍不住吆喝同行友人也跟風叫了一份，雖然才剛吃飽，但大夥分食一大塊鬆餅，感覺就是比一個人吃更美味呢。

gion（ギオン）
東京都杉並区阿佐谷北 1 丁目 3-3

深色豪邁咖哩與檸檬蛋奶凍

代官山不是一座山，吉祥寺也不是一座寺。吉祥寺、高圓寺、國分寺，合稱中央線三寺，此地多次被日本人入選為心目中最想居住的城市前三名，但是你來吉祥寺，其實找不到這間寺廟。

三百多年前諏訪山吉祥寺，位於今日東京都文京區本鄉一丁目附近。一六五七年三月，東京的前身江戶城發生史上知名的「明曆大火」，民宅大院遭受燒毀，不計其數。連同數百座的寺廟與市町，江戶城三分之二葬送祝融之中。超過十萬人死亡，被後人喻為日本史上僅次於東京大空襲與關東大地震的慘重災害。災後幕府重新進行都市規劃，將原本吉祥寺門前町的住民安排移居今日武藏野市東部沿線，住民以故鄉命名此地，形成今日的吉祥寺。

吉卜力工作室創業初期的辦公室位於茶房武藏野文庫的二樓

特製咖哩套餐

根據我的經驗，喜歡喫茶店的人，多半也是咖哩飯的愛好者。尤其從高圓寺到西荻窪的中央線沿線上，許多喫茶店的咖哩飯，名氣甚至不輸咖哩專賣店。今天我刻意空著肚子，在下班時間擠上通勤電車，就是為了一間傳聞中很美味的喫茶店咖哩飯。走出吉祥寺站北口時天色已暗，人潮開始往車站移動，我奮力在人潮中逆流前進，加快腳步往目的地「茶房武藏野文庫」奔去。這間店的門口看來尋常，一入門就見到屏風上碩大的毛筆字菜單，以及吊掛在天花板下的書棚，滿室汗牛充棟的書卷氣息。店主人的文青個性也反映在器皿上，店內提供客人的食器，是曾經獲頒內閣總理大臣獎的「小石原燒」，在店門入口旁也有陳列販售。

坐下來沒多久，我點的特製咖哩套餐（特製カレーセット）就送上來了。茶房武藏野文庫的咖哩特色是色深、味濃、肉大塊，黝黑的咖哩醬汁帶著濃郁的藥香，泡著切塊豪邁的馬鈴薯、紅蘿蔔，以及熬煮入味的雞胸肉，微辣中帶著苦香的尾韻，讓我想起神保町地下室的老舖「共榮堂」的蘇門答臘咖哩，好不開胃。一旁還附有白色的辣韮、綠色的高菜漬、粉紅色的生薑漬，三種醬菜。貪心的我多付了五十日圓加點一顆生雞蛋，只取蛋黃攪和在咖哩醬中。天啊！這又是另一個層次的美味了。

來這間店前，我在早稻田大學的校內刊物《WASEDA WEEKLY》（早稲田ウィークリー）讀到一篇文章，文內敘述了「茶房武藏野文庫」的創業由來，原來和店主的青春歲月有關。今日店主日下茂先生在開店前，曾經在學校附近一間知名的喫茶店「茶房早稻田文庫」工作。那是一間位於早稻田校區南大門對面的小巷內，許多校友和文人雅士的愛店。經營者為一對老夫妻，傳統的日式建築，後院還有一個種有竹林的日式庭院，小說家井伏鱒二、五木寬之，都是那間喫茶店的常客。

一九八四年該店老闆去世，結束三十五年的營業歷史。隔年，日下茂先生來到吉祥寺，以承襲該店的精神下創立了這間茶房武藏野文庫。今日店內牆

当店使用の九州福岡
小石原焼(大)窯の作品を
販売致しております
ボーネントルテ
(おからのケーキ)
ライチシャーベット
焼きりんご
れもんケーキ

巴伐利亞蛋奶凍

上掛著一幅井伏鱒二的筆墨，並收藏許多繼承自早稻田文庫的古物。陳列整牆的陶器書卷，使得整間店瀰漫一股和風氣氛。有趣的是，同樣創立於一九八五年、聞名全球的日本動畫公司「吉卜力工作室」，初期的辦公室就在茶房武藏野文庫的二樓，當時宮崎駿大師時常來店內用餐，最愛點的就是這裡的咖哩飯和冰牛奶。

飯後咖啡送上後，我追加了一份招牌甜點：巴伐利亞蛋奶凍（ババロア）。這裡的作法和代代木另一間喫茶店 TOM 的風味，截然不同。外型像布丁，迷人的檸檬黃，上面還蓋著一片糖漬檸檬片。我從沒想過雞蛋香和檸檬甜會這麼合拍，差點一口氣連吃兩份。除此，這裡還有每年冬季十月到二月期間，才能吃到的古老料理「烤蘋果」（焼きリンゴ），也是傳說中的美味逸品。店家特選大小適中的紅玉品種，將蘋果核挖空、填入葡萄乾，以肉桂、糖調味，加入少許萊姆酒提香，再放入烤箱中烘烤。由於這是每日限量製作，如果當天太晚來，就會像我一樣，只能望著菜單的照片興嘆。

茶房 武藏野文庫
東京都武蔵野市吉祥寺本町 2 丁目 13-4

新設備與法國料理」作為宣傳，找來瑞士籍的Saly Weil擔任第一代總料理長。

拿坡里義大利麵（スパゲティ ナポリタン）

走進飯店，我便直奔一樓附設的咖啡廳「The Cafe」，上午十一點半門口已經站滿候位的客人，我在簿子上登記後，服務生告訴我大約得等候半小時。我在一樓走廊參觀完飯店陳列的文獻，決定走去對面的山下公園吹吹海風。門外的道路兩旁金黃色銀杏林立，畫面看起來一點也不像在日本。山下公園面對東京灣的每張椅子上，坐滿了悠閒的民眾。好天氣下的海岸公園吹送著微風，有一股南法臨海小鎮的閒逸。

半小時後我走回飯店，帶位的服務生恰好在呼喚我的名字。入位沒多久，我的拿坡里義大利麵就送上來了，精緻的裝盤和高級滋味。想當然爾，和坊間喫茶店以分量取勝的風格，截然不同。食材以培根、火腿和蘑菇為主，番茄泥的香氣濃郁，每一口麵條都可以感受得到高級橄欖油的香氣。至於後上的法式摩登布丁，以蜜柑、奇異果、蘋果、香草冰淇淋和布丁，搭配鮮奶油、紅色小櫻桃、薄荷葉和黑色蜜餞，食材個個新鮮，味道高雅。吃著吃著我好像可以明白「平凡的料理也能有不平凡的滋味」這句話的道理了。

該飯店的第四代總料理長高橋清一和作家澀川祐子，都曾在著作中探討這道拿坡里義大利麵的起源，其實它在歐洲早已經存在。這種以番茄醬汁調理義大利麵的文化，最初出現在十七至十八世紀的拿坡里，後來被義大利其他城市稱為「拿坡里風格」，甚至進一步傳到法國與全世界。現在在網路上搜尋英文 Neapolitan sauce，出現的都是這種番茄醬汁罐頭。

宮崎駿的動畫電影《來自紅花坂》中，有一幕男女主角在山下公園散步，背景就是這間飯店。這棟九十多歲的建築，一九九二年被橫濱市政府認定為古蹟「歷史的建造物」。一手打造的建築師渡邊仁作品眾多，包括：銀座地標和光百貨、第一生命館、東京國立博物館本館等建築。似乎這一切都是命運的安排，當年麥克阿瑟進駐東京後，坐車視察時看中了位於丸之內皇居護城河外的第一生命館，指定徵用作為 GHQ 盟軍總司令部總部大樓。自己設計的兩件作品都被看上徵用，渡邊仁的內心應該五味雜陳吧。

新格蘭飯店（ホテルニューグランド）
神奈川県横浜市中区山下町 10 番地

法式摩登布丁（プリンアラモード）

D2

近郊喫茶散步

早安，輕井澤。

最早開始販賣咖啡凍的喫茶店

從東京上野搭新幹線來輕井澤只花了一小時七分鐘，感覺和去鎌倉的時間差不多，但是風景已完全不同。輕井澤的涼爽空氣和山林景致，有如置身歐洲避暑小鎮，難怪被許多名人或作家視為最佳的度假勝地。我預計會在這裡待上三天，見時間上充裕，我決定先跑去實境秀《雙層公寓》主角們去過的店、買菜的超市、主角阿貴工作的串燒店，還有小翼父親開的烏龍麵店。哈，我就像個小粉絲一樣按圖索驥。

接著我心滿意足騎著腳踏車，來此行真正的目的地：拜訪日本最早販賣「咖啡凍」的喫茶店。日本喫茶店常見的咖啡凍（コーヒーゼリー），早在一八一七年的英國食譜《The New Family Receipt Book》上就有記載，而

Mikado
軽井沢 モカソフト

迷你摩卡霜淇淋＋招牌配方豆咖啡組合（ミニモカ＆コーヒーセット）

日本文獻最早則出現在一九一四年四月三日的《讀賣新聞》，當時的日本人模仿歐洲做出這種甜點。不過將這種主要材料為咖啡和吉利丁的食物，開發成店頭商品來販賣，則是日本戰後一九六三年才出現。最早在喫茶店販賣咖啡凍的店家，公認是一九四八年在東京日本橋開業的MIKADO COFFEE。有趣的是，該品牌在一九六三年夏天推出時，並非選在日本橋本店，而是位於輕井澤的分店，打著「可以吃的咖啡」（食べるコーヒー）的行銷口號，結果一炮而紅，帶動眾多喫茶店群起效尤。

沿著輕井澤車站正前方的大馬路往北騎大約十分鐘，我來到舊輕井澤銀座通商店街，這一區可說是輕井澤最熱鬧的地方，這條路上光是喫茶店就有丸山珈琲、茜屋珈琲店、珈琲歌劇等，多家激戰。MIKADO COFFEE「輕井澤舊道店」，該品牌於一九五二年在此設立，目前為一棟兩層樓的木屋建築。一樓為賣場，爬上二樓客席可見經典的曲木椅、大片的落地玻璃與陽台，整個空間展現出日本昭和時代鄉間度假木屋的風情。專程而來的我，選擇菜單

上的「摩卡咖啡凍」（モカゼリー），親臨此店才知道，在這裡吃咖啡凍不只具有歷史意義，店家還會在上面加入一九六九年在輕井澤率先推出的「摩卡霜淇淋」（モカソフト）。一份甜品同時品嚐兩樣招牌，超值。

咖啡凍一上桌，可愛模樣就讓我兩眼發亮。MIKADO 咖啡凍的特色是，標榜使用手沖萃取的配方豆咖啡製作，帶有大人口味的苦韻香氣，和上面的摩卡霜淇淋一起入口，味覺呈現完美平衡，旁邊還佐有一顆蜜餞收尾。如果有機會去日本橋本店，請務必也點一份來嚐嚐。那裡的咖啡凍又和這裡的不同，改用銀色單耳的金屬杯裝盛。最初我以為 MIKADO 是創業者的姓氏，看到該店的介紹才知，初代的金坂景助在一九四八年創業時，店名取自家喻戶曉的英國歌劇《THE MIKADO》（日本天皇），那是英國劇作家吉伯特（W. S. Gilbert）與作曲家蘇利文（Sir Arthur Sullivan）兩人合作的知名作品之一。金坂景助希望自己的店可以像知名歌劇一樣，名揚天下。約翰藍儂生前最後幾年，一家三口定期來輕井澤避暑，據說時常親臨這間店。看樣子金坂先生

摩卡咖啡凍（モカゼリー）

牆上掛著明仁天皇和皇后美智子當年的照片

的心願，某程度上的確做到了。

輕井澤除了是日本知名的避暑度假勝地，這裡也是日本明仁天皇和皇后美智子兩人最初邂逅的地方。一九五七年八月當時明仁的身分仍是皇太子，來此地參加網球比賽，恰好大學剛畢業的美智子也參加了。陌生的兩人在賽事進行到第三輪時，捉對廝殺，最終明仁輸了那場球賽。

不過輸球的明仁在賽後隨即展開人生會外賽，他邀請美智子參加舞會，積極展開追求。兩年後兩人就在輕井澤舉行隆重婚禮。據說這場世紀婚禮的轉播，不但推動了當時日本電視機的普及率，更創下高達一千五百萬人的收視紀錄，爾後兩人也時常還在夏季來此度假。MIKADO 這間店的二樓角落牆上，可見到幾幅當年兩人在輕井澤留下的照片。店員看我看得入神，告訴我照片中兩人相識的網球場（軽井沢会テニスコート）就在附近，步行大約五分鐘的距離就可到達。

MIKADO COFFEE 輕井澤舊道店（ミカド珈琲軽井沢旧道店）
長野県北佐久郡軽井沢町軽井沢 786-2

百年飯店的法國吐司與皇家奶茶

輕井澤不愧是歷史悠久的避暑勝地，光是銀座通商店街上知名喫茶店就有好幾間。除了最早販賣咖啡凍的 MIKADO COFFEE，還有一間我特地留到今天早上。嚴格來說，今天要去的地方不算是喫茶店，而是高級飯店的喫茶室。萬平飯店是輕井澤歷史上第一間西式飯店，同時也是「日本古典飯店協會」（日本クラシックホテルの会）旗下九大結盟的飯店之一。宮崎駿的電影《風起》中，男女主角第二次邂逅並互訂終身的飯店，據說參考原型就是這裡。

飯店在一條蔥蘢森林的小徑盡頭，騎著腳踏車行駛在晨曦的綠意中，完全領會輕井澤身為夏日避暑勝地的魅力所在。這間萬平飯店的歷史最早可以追溯到一七六四年，舊輕井澤位於幕府時代江戶（東京）往訪京都之間的中

法國吐司（フレンチトースト）附有楓糖、奶油等佐料讓客人自己依喜好調配

山道上，是這條路上的六十九處宿場（驛站）之一。飯店前身舊名「龜屋」，是一種稱為旅籠的客棧。一八九四年負責人佐藤萬平的婿養子國三郎從教會傳教士學校畢業，在各地傳教後回到輕井澤。佐藤萬平便以此為契機，先將龜屋改裝成西式飯店，改名「龜屋 Hotel」（亀屋ホテル），兩年後再改名「萬平 Hotel」（万平ホテル），成為輕井澤第一間西式飯店，並於一九〇二年遷移到現址。一九四五年這裡也和橫濱新格蘭飯店一樣被盟軍徵用，直到一九五二年才解除。今日飯店外形酷似瑞士山屋的主建物，為一九三六年由建築師久米權九郎所設計。雖說像是瑞士山屋，事實上久米權九郎是以佐久地區的養蠶農家為藍本。他也是日光金谷飯店和河口湖富士豪景飯店的設計師。

停好腳踏車，我走進雋永氣派的飯店大廳，我在服務人員的帶領下來到一樓的喫茶室 Café Terrace（カフェテラス），戶外楓葉林環抱整間喫茶室，彷彿坐在森林裡。服務人員在我入座後，在桌面放上一塊木牌，上面寫有號碼，並告知我離開時只要拿木牌到櫃檯結帳就可以。來這裡有幾樣招牌餐點，

最讓我激賞的是法國吐司（フレンチトースト），入口當下就把我心頭原本的第一名擠下來。點它需要等二十分鐘才會上桌，廚師在前一天先用雞蛋和牛奶浸泡吐司，接著煎過後再入烤箱烤過，上桌時會附上調味座，備有蜂蜜、顆粒楓糖、楓糖漿以及奶油，讓客人自行斟酌調味。法國吐司一份兩塊，外型跟一般坊間長得不大一樣，它的表面煎得略偏焦褐色，看來不起眼，嚐起來美味非比尋常。你想像如同好吃的可麗露那般皮脆心軟，把那美味再放大十倍，大概就是這滋味。

據說約翰藍儂生前很喜歡萬平飯店，只要他來輕井澤避暑，就會時常見到他們一家三口出入這裡的身影。今日主樓的一二八號房也因為他下榻過而聞名，飯店內仍留有當年他彈過的鋼琴。據說這裡的蘋果派不但深得他喜愛，現在菜單上的皇家奶茶，更是約翰藍儂親自傳授的食譜。有沒有發現一件奇妙的事？說起日本許多知名喫茶店的故事，約翰藍儂都會登場。有時我會想，他如果還活著，說不定和我一樣，也是個喫茶迷。

萬平飯店 Café Terrace（万平ホテル カフェテラス）
長野県北佐久郡軽井沢町軽井沢 925

皇家奶茶與蘋果派組合套餐（セットロイヤルミルクティー）

近郊喫茶散歩

熱海到了。

陽光海灘美景第一排

曾經有好幾年，我認為離東京最快到達的海灘景點是湘南海岸，以至於第一次搭新幹線回聲號從品川來熱海，發現行車時間只花了三十八分鐘而感到驚訝不已。

熱海，最早就是因為海底溫泉湧出使得魚群死亡，因而得名，這裡擁有超過一千五百年的溫泉地歷史，十九世紀後期開始成為許多達官顯要的度假區，借地利之便，六〇年代開始成為東京團體客熱愛的溫泉勝地，每年超過五百萬遊客，許多可容納一、兩百人宴會廳的大型旅館紛紛在此開業，曾經是東京許多公司舉辦員工旅行的首選。一九九〇年代泡沫經濟之後，團體遊客逐年減少，一度腰斬呈現蕭條，不過從二〇一一年開始，遊客數量又逐年

SUNBIRD
SUN BIRD
東海岸町
Higashikaigancho
時差式
歩車分離式
珈琲 軽食
サンバード
in

SUNBIRD
ブラジル
モカ

SUNBIRD

回升，當地許多新舊旅館陸續開業或翻新。昭和時代曾經有過的榮景，可從當年留下的喫茶店中，看出端倪。今天第一間要拜訪的，便是位於此地知名的陽光海灘（Sun Beach）旁，一九六八年開業的「純喫茶 SUN BIRD」（サンバード）。雖然公車可以到達，但是只比步行快了幾分鐘，於是我選擇沿著昭和復古風情的熱海商店街散步走來。今天天氣晴朗，海岸公路風景宜人，大約只花十五鐘，便走到 SUN BIRD 的店門口。

步上二樓，眼前出現整片面對前方陽光海灘的落地玻璃窗。我拜訪過日本這麼多喫茶店中，要找出像 SUN BIRD 這樣擁有海岸線第一排美景的，還真不容易。坐在店內，藍天、海灘與棕櫚樹同框，浪漫程度堪比偶像劇場景。SUN BIRD 店名和紅藍白配色的鳥圖商標，讓人充滿熱帶風景的想像。直到見到店內吧檯上的舊咖啡罐，我才得知店名的由來，原來是因為這間店打從創業開始便使用一九五七年創業於橫濱市的「三本咖啡」所供應的咖啡豆。三本在日文中讀音「Mitsumoto」，也能唸做「San-Bon」，店主人取「三」

東海岸町
Higashikaiganchō
時差式
歩車分離式

COFFEE
SUNBIRD
CROWN STRAW
JAPANESE-TEA. COFFEE. ICE-CREAM
SUNBIRD
ATAMI. HIGASHIKAIGAN
SUNBIRD
SUNBIRD
SUNBIRD

的旅館或喫茶店合作，以店家的形象為設計元素，重新開發出復古又時髦的周邊商品，並且開設了「新熱海土產物店 New Atami」紀念品店，在熱海車站和當地的銀座商店街，開設實體店面。

吃完美味的早午餐，我見他桌的客人陸續離開，便從背包中拿出兩年前發行的轉蛋玩具：這間店的火柴盒、咖啡杯和菸灰缸的迷你模型。打算完成我放在心裡兩年的心願，將它們和本尊合照。外場店員見狀，馬上告訴吧檯內的內田雄巳先生，他趕緊拿出這間店的火柴盒送我。瞬間全員大小版合體，畫面堪稱母子重逢、孝感動天。店裡每個人都笑成一團。

今天窗外萬里無雲，坐在位置上就能見到遠方沙灘上戲水和正在做日光浴的遊客。經歷三年的世紀疫情之後，人生還能繼續旅行我熱愛的喫茶店，實在太幸福了。

純喫茶 SUN BIRD（純喫茶 サンバード）
静岡県熱海市東海岸町 2-15

比麥當勞早十九年開賣的漢堡

參拜結束、並且看了超過兩千歲樹齡的大楠，我從山上的來宮神社一路閒晃下來。熱海不愧是百年的溫泉度假聖地，依山面海的巷弄，散發一股不言而喻的慵懶和放鬆，連路旁的貓都在打瞌睡。在日本各地時常可以見到取名銀座的舊商店街，熱海也不例外。離早上去過的陽光海灘不到兩百公尺，這裡就是熱海二十世紀繁華一時的銀座商店街，雖然今日景氣不在，仍有許多知名的店家開在這條路上。

銀座商店街是一條面向東海岸的坡路，我在最近很紅的布丁店對面小巷裡找到「BONNET」（ボンネット）的招牌。BONNET 隔壁、巷口的這棟樓，曾經是熱海最後一間戲院的所在。店就開在戲院旁的黃金地段，當年

Cellar & Cafeteria
BONNET
Cellar & Cafeteria
BONNET
ボンネット

COFFEE
ボンネット

Pork Cutlet
Sandwich

BONNET的榮景，不難想像。今日老建築改裝後有旅館、居酒屋、花店，和站前也有的「新熱海土產物店New Atami」等進駐。

門口招牌上的商標圖案，已經把店名背後的意義做了解釋。BONNET意指早年歐洲一款女性的帽子，店主人增田博先生當年因為看了一九四八年的美國電影《Easter Parade》，劇中出現許多戴著帽子的女性，想藉此開一間女性可以輕鬆進入的店，便取了這店名。

一入門，就聽見店裡正播放著流暢的爵士樂，店主人增田博先生從吧檯座位上起身招呼。我才坐下菜單還沒打開，就已經知道自己要點什麼了。今天我是有備而來，衝著此店的名物「漢堡」來的。據說這裡的漢堡曾經是三島由紀夫熱愛的美食，他只要人在熱海，便會來這裡點一份漢堡犒賞自己。另一位已故名演員高倉健下榻附近旅館時，旅館的女中也曾經帶保溫瓶裝這裡的咖啡回去給他喝。除此，還有作家谷崎潤一郎、歌手越路吹雪等人，都是這間店的客人。從今日BONNET店內的高級陳設，仍看得出當年這間店在熱海的地位，從地板、牆面到座椅，都是一時之選。在徵求店主人的同意後，點好餐之後的五分鐘，我的快門聲幾乎沒停過，直到我的漢堡上桌才罷休。

漢堡用籃子裝盛上桌，一旁還佐有薯條。增田博先生走來桌邊，操著流利的英文告訴我，籃子裡漢堡附上的生菜和洋蔥可以依照自己喜好組合。好牛肉做的漢堡肉，再外行的人都吃得出來。我雖然對肉品的等級不算內行，但一入口還是能感受這漢堡肉的美味多汁，完全不是連鎖店可以比擬的。

BONNET的漢堡之所以有名，不只因為文豪喜歡，還擁有正統的美式風味。增田博先生戰時曾經是飛行員，戰後在銀座的美軍軍官俱樂部工作，讓他初次嚐到漢堡的滋味並習得作法。認真算起來，相較於一九七〇年在東京町田市開業的日本第一間連鎖漢堡店Dom Dom，和一九七一年在銀座三越開業的第一間日本麥當勞，一九五二年就在熱海創業並販賣正統美式漢堡的

BONNET
BONNET
BONNET

增田博先生，足足早了前述兩間店將近二十年。

店裡的中央走道，立著兩座透明的長櫃，區隔客席和吧檯。長櫃裡放著不同時代的收藏品，我在裡面看見了印有這間店漢堡照片的鑰匙圈，詢問之後才知，也是「新熱海土產物店 New Atami」設計販賣的。見午餐時間的客人們走得差不多，增田博先生來到我桌邊和我閒聊。談話中我問增田博先生，聽說三島由紀夫喜歡吃過這裡的漢堡。只見神彩奕奕的他露出驕傲表情：「不只喜歡，而且常來！」接著他反問我，要我猜猜看他幾歲了。一番認真打量後，我猜他應該七十多歲。想不到他笑著說：「九十四、我九十四歲了。」

哇！我驚訝到說不出話來，站在我眼前這位充滿熱情、用流利英文和我聊天的喫茶店老闆，竟然活了將近一個世紀。

COFFEE BONNET（ボンネット）
静岡県熱海市銀座町 8-14

願能一直自由旅行，願有一天我們在喫茶店相遇。